怀念故土

母亲在电话那端故作轻松地问："寒假实习要花多少钱？我马上给你寄来。"我说："妈，别寄了，我寒假回来。"我听见电话那端沉默之后是母亲流泪的声音："回来吧……其实我们都很想你……"我忽然就被这遥远的电话里的声音击中了："妈，做儿子的又何尝不是如此……"

儿时的我是多么渴望有一天走出那三间狭窄的土坯房，走出那个群山环抱的郁郁村庄。每个清晨，吃过早饭，我背着母亲缝制的书包走在上学的小路上，我会小心翼翼地紧紧捂住口袋，因为我要用里面那个刚从鸡窝里捡来的温热的鸡蛋去换回一支向往已久的铅笔和两个作业本；寂静的乡村之夜，我站在灶前看火焰映红父亲饱经沧桑的脸，看难得的猪肉在母亲的刀下片片飞进锅里，看诱人的香气慢慢将我包围……

如今远在千里之外，回家已成奢望，大学两年的每个假期，我都把那份对家的思念深藏在心底，找一家要我的报社实习。尽管我知道弟弟需要我去辅导，年迈的奶奶正倚着门框掰着手指数落游子的归期，除夕之夜团圆桌上为我而留的那一副碗筷，可是，我怕回家啊，我怕不能给自己有限的大学生活留下一些拼搏的足迹与记忆，我怕毕业之后因找不到工作而无颜面对我日渐衰老的父亲。

今天，听着母亲在电话那端流泪的声音，故园那潺潺的溪流，蝌蚪跳动的池塘，斑驳的月影，似柴扉吱呀吱呀嘶哑的童谣，又在我遥远的记忆里晃晃荡荡。我再也无法抵制浓浓的思念，我要回家。我愿意，迢迢地，去和家人相聚，再孤独地走长长的路。

告别故园，我才发觉自己是一只高飞的风筝，线的那一头是永远挥之不去的故园情结；走过了时空的距离，却走不出亲情的牵挂。

永远的故园

重庆教育学院中文系98级1班 李开云

2000.1.31

大学时期（2000年）发表的一篇文章

为社会进步

书服家团队成员采访中

献优质内容

书法家李世正先生为公司题写的横幅

2020年端午节，书服家部分团队成员团建

2022年6月,我(右一)和好友小军重回20年前一起租住的房屋

书服家
WEFORBOOK 写书和出书

优质原创内容供应商

为社会进步贡献优质内容

内容创作实战手册

理念、方法与技巧

李开云 著

浙江大学出版社

·杭州·

图书在版编目（CIP）数据

内容创作实战手册：理念、方法与技巧 / 李开云著. -- 杭州：浙江大学出版社，2024. 12. -- ISBN 978-7-308-25657-5

Ⅰ．F713.365.2

中国国家版本馆CIP数据核字第20247RP937号

内容创作实战手册：理念、方法与技巧

NEIRONG CHUANGZUO SHIZHAN SHOUCE：LINIAN、FANGFA YU JIQIAO

李开云　著

责任编辑	吴沈涛
责任校对	朱卓娜
责任印制	孙海荣
封面设计	仙境设计
出版发行	浙江大学出版社
	（杭州市天目山路148号　邮政编码　310007）
	（网址：http://www.zjupress.com）
排　　版	杭州林智广告有限公司
印　　刷	杭州钱江彩色印务有限公司
开　　本	880mm×1230mm　1/32
印　　张	6.25　　彩页4面
字　　数	83千
版 印 次	2024年12月第1版　2024年12月第1次印刷
书　　号	ISBN 978-7-308-25657-5
定　　价	59.00元

版权所有　侵权必究　　印装差错　负责调换

浙江大学出版社市场运营中心联系方式：0571-88925591；http://zjdxcbs.tmall.com

推荐序　每个人都是自己的作品

2024年10月中旬，开云给我发来了这本书的书稿。当时，我正在云南景迈山的古茶林中，为即将创作完成的《红花郎传》做最后的收尾工作。我以内容创作为业，和开云是相识多年的好朋友。当他告诉我这本书里还有一些关于我的内容时，我对这本书充满了好奇。

开云是我相识多年的好朋友。每当我去重庆，开云即使再忙也会亲自开车来接我。我和他都身处内容行业，因此我们谈论的大多数话题都与内容行业有关。在工作上，他勤奋、执着且行动迅速；对待朋友，他真诚且充满正能量。

在我看来，就内容创作而言，开云拥有多种身份。他先是在媒体工作，后来全职写作，再后来创办了书服家。因此，一方面，他是一位知名的现实主义题材作家，以高产和高质量著称，在微博上也拥有不少的粉丝。另一方面，他是内容领域的资深专家，从内容创作到内容创业，从一个人到一个团队，在内容行业做得风生水起，将书服家打造成为定制内容和图书出版领域的知名品牌。正是因为长期深耕内容行业，开云既受"市长"欢迎，也受"市场"追捧。例如，他本人是地方志领域的专家，负责多个与政府有关的项目。此外，他也曾为贵州茅台、通威集团等企业提供内容服务。

写上述这些并不是为了表扬开云，而是因为他的经历与这本书的内容是息息相关的。接下来，我来聊聊这本书。

这本书可谓开云职业生涯中的一座里程碑。过去，他的作品以文学、传记为主，也有一部分与企业案例研究有关的内容。而这本书带有一定的自传性质，是内容创作方法论与其个人经历的复合体。具体来说，这本书主要讲述的是内容创作的理念、方法与技巧，其中穿插了其个人的经历与感悟。当然，其中也有一部分内容与我有关。感谢开云把我带回过去，也借此机会感谢他对我的帮助和支持。

这本书特别适合内容行业的从业者。如果你关心如何打造优质内容，如何将内容转化为实际收入，以及如何通过内容创作为自己和合作伙伴创造价值，那么这本书值得你静下心来好好读一读。

此外，这本书也为读者提供了一个了解内容行业的窗口。随着互联网和新媒体的快速发展，中国的内容行业进入了一个全新的阶段，内容的生产、传播和消费方式都发生了深刻变化。在信息爆炸的时代，无论是公司还是个人，都是优质内容的需求者与潜在的创作者。

前几天，同程集团创始人吴志祥先生在朋友圈发文："朋友，因事而来。所谓做事情，先有事才有情，你想做多大事，你就能交多少朋友。"我很喜欢吴志祥先生的这个解读。对我来说，这是一个优质内容，所以也借此机会把这个优质内容分享给你。

读万卷书、行万里路，每个人都是自己的作品。

谨以此文，祝贺开云新书面世！

财经作家　华著、考拉看看等内容机构的创办人　张小军

2024 年 10 月 31 日　于成都

前 言

"内容"是一个很宽泛的概念,我们观看的一场电影、欣赏的一场音乐会、在手机上浏览的一篇微信公众号推文、杂志上的一篇文章、漫画书里的一幅漫画、街头的一个雕塑……这些都可以被称为"内容"。根据我自己的过往经历和擅长领域,在本书中,我讨论的主要是以文字形式呈现的内容。

千百年来,人们对于优质内容的渴求从未改变。

那些给人以勇气和希望的优秀作品，激励着一代又一代的人们勇往直前。随着互联网技术的快速发展，各类内容平台应运而生。人们只需要一台电脑或者一部手机，就可以成为内容的创作者、发布者、阅读者、传播者、评论者。人人都可以在网络上创建属于自己的自媒体账号，发表自己的内容，收获自己的粉丝。如果你热爱内容创作，希望通过内容创作连接更多的人，并通过内容创作改善自己的生活，或者希望进入内容创业这个领域，那么，我想借这本书，跟你聊聊内容创作与内容创业的那些事儿。

回顾过去40多年的人生历程，如果从高中时代成功发表第一篇文章算起，那么我从事内容创作已经有近30年了；如果从大学毕业进入社会工作时开始计算，那么我在内容行业已经摸爬滚打了20余年。换句话说，我一直热爱内容创作，也从来没有离开过内容行业。就内容创作而言，我过去的人生历程可以归纳总结为五个阶段。

第一个阶段主要是文学启蒙。在我还没上小学之前，我的爷爷，也就是曾是乡村教师的李汉成先生就教我背诵唐诗宋词了，一本《经典唐诗100首》被我翻阅了无数遍。虽然当时的我连汉字都不认识几个，更不知道诗词的含义，但热爱文学的种子已经埋在了我的心里。上小学后，我写的作文经常被语文老师黄连清先生当成范文在班上朗读，在黄老师的教导和鼓励下，作文课成了当时的我最喜欢上的课。那时候，在乡间广为流传的爱情故事和神话故事、从爷爷抽屉里翻找出来的各种小说，这些都对我的精神世界产生了深远的影响。

第二个阶段是对文学创作的探索和实践。中学时期，我在一次全国作文竞赛中获得二等奖，这让我萌生了有朝一日能公开发表作品的想法，从而开始大量阅读文学杂志，并开始尝试将对文学的热爱转化为实践，常常创作一些散文或故事，给文学杂志投稿。大学期间，在校报编辑李世正老师和辅导员谷生华老师的帮助和鼓励下，我的创作热情被进一步激发，不仅时常为校报撰写新闻稿，也经常创作散文给报纸和杂志投稿。那时候，发表作品不仅可以得到稿费，还能获得加分，拿到一等奖学金。

第三个阶段是在媒体任职。我在媒体工作了十年。前五年，我一边工作，一边坚持文学创作。当时，迫于生存压力，我主要写的是稿费较多的纪实特稿。我跟张小军先生就是在同一家媒体工作时认识的，一起采写过多篇纪实特稿；后五年，伴随着互联网的发展和普及，我成了网络小说写作大军中的一员，但创作的内容还是以现实主义题材为主，算不上真正意义上的网络写手。在这期间，我出版了人生中的第一本书，也在遭遇了挫折之后，逐渐认清了现实，从"写我喜欢写的"转型为"写读者喜欢看的"。

第四个阶段是全职写作。2011年，我的大女儿到了上幼儿园的年纪。也就是在这一年，我辞掉了工作，每天的主要任务变成了接送女儿和在家写作。当时，我创作的内容涵盖军事历史、人物传记、商业小说等多种类型。其间，我再次与小军携手，出版了褚时健先生的传记。

第五个阶段是内容创业。在小军的鼓励下，我开始招募团队，从事内容的商业化创作。回望自创业以来走过的八年历程，个中酸甜苦辣唯有自知。对于我个人来说，最大的收获是在意识到自身能力不足的同时，积累了一些经验教训，完成了从内容创作者到内容创业者的转型。

人生没有白走的路。对于内容创作者来说，从实践中得来的经验是弥足珍贵的。在这本书中，我会把自己在过去近 30 年内容创作过程中走过的那些弯路、掉过的那些坑，以及总结出来的那些经验和心得体会以文字的形式呈现出来，希望能够给正处于迷茫与彷徨中的内容创作者和创业者带来一些启发，这是我创作这本书的初衷，也是这本书的价值所在。需要说明的是，我不提倡内容创作者把内容创作过分功利化，而是希望内容创作者能够通过必要的方法和技巧，创作出更优质的内容，并让更多的优质内容被更多的读者看见。正如作家张炜老师所言，真正意义上的内容创作者既需要专业的技能，也需要非专业的心态和立场。

我的秉性里有固执己见的一面，有时候会因为坚持自己的意见和决定而走了许多弯路，对于这些，好友小军常常会以"这些都是必经之路"之类的话语来宽慰我。每当身处低谷时，小军也常常会鼓励我，让我坚定信心、坚持信念。

借这本书，表达我对小军的敬意和感激之情，对书服家全体成员多年努力与付出的谢意，以及对所有选择书服家的合作伙伴的谢忱。同时，也借这本书，敬我未完的梦，敬生而平凡，敬从未放弃。用今天这些最朴素的文字，致敬我们明日最遥远的梦想。

2024 年 8 月

重庆·书服家

目 录
CONTENTS

第一部分 理念与方法：如何创作出优质内容 001

01 怎样的内容算是优质内容　　003
02 找选题的原则和方法　　013
03 如何寻找合适的内容素材　　021
04 与有故事的人合作　　029
05 润色文稿的方法与技巧　　036
06 用一个有吸引力的主题把内容串起来　　043
07 给内容拟一个好的标题　　047
08 提高写作效率的方法　　052
09 提升自己的写作能力　　060
10 实用有效的写作小技巧　　068
11 如何应对创作瓶颈　　073
12 重视团队的力量　　078

第二部分 以写作为生：内容变现的那些事儿 083

01 投稿变现：内容创作者的首选方式　　085
02 参加写作比赛：通过创意与写作实力获得奖励　　094

03	出版图书：如何创作并出版一本图书	101
04	版权变现：通过出售影视改编权获取收益	110
05	委托创作：满足客户需求，实现专业写作价值	115
06	自媒体创作：打造个人品牌，实现流量变现	125
07	与他人合作签约时，需要注意哪些事项	130
08	遇到作品被侵权时应该怎么办	135

第三部分　从创作到创业：关于内容创业的思考

143

01	艰难起步	145
02	塑造核心竞争力	150
03	重视信息的价值	155
04	从"作品思维"到"产品思维"	158
05	打造内容品牌	162
06	团队建设与管理	167
07	坚持情怀和操守，出版有价值的内容	173

后记　永远乐观，永远满怀希望

177

第一部分

理念与方法:
如何创作出优质内容

在如今的数字时代，创作内容比以往任何时候都更加容易。然而，面对海量的信息，读者的注意力变得极其宝贵。在这样的背景下，内容创作者如何能够脱颖而出，创作出真正有价值的内容？接下来，我将基于自己的内容创作经历，深入探讨内容创作的理念、方法与技巧。无论你是经验丰富的老手还是刚刚起步的新手，希望我分享的这些理念、方法与技巧能够为你提供切实可行的创作建议与启发，助你在内容创作的道路上走得更稳、更远。

01 怎样的内容算是优质内容

在具体讲述如何创作出优质内容前，我们首先需要了解，怎样的内容算是优质内容。我认为，我们可以从实用价值、情绪价值、信息价值等多个维度来判断一个内容是否优质。

（一）实用价值：满足受众的需求

实用价值是衡量内容是否优质的一个重要维度。

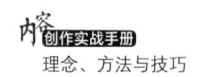

有实用价值的内容常常能够满足目标受众的某个需求，或者帮助目标受众解决某个具体问题。这些需求或问题既可以是生活上的，也可以是工作中的，还可以是学习方面的，例如"解锁 Excel 的 100 项隐藏功能""如何用手机拍出电影大片的感觉""整理文献笔记的十大模板及方法""30 秒教你快速入睡"等。学习方法、工具操作指南、生活小技巧等，这些内容都具有很高的实用价值。一个典型的例子就是食谱类内容，它满足了人们对制作美食的需求，有利于人们提高自己的生活质量。

值得一提的是，有实用价值的内容往往会深入阐述具体细节，而不会仅仅停留在表面。很多内容创作者在分享建议时会选择泛泛而谈，这种做法虽然容易，但会大大降低内容的实用价值。举个例子，如果你在撰写一篇关于如何提高写作技巧的文章，那么你不仅要讲解写作的基本原则，还需要提供一些具体的写作方法、常见问题的解决方案，并推荐一些实用的写作工具或书籍。通过提供有用的建议、实际操作步骤或资源，让目标受众获得他们需要的信息或技巧，从而提升他们对内容的认可度。

2012年，我在鲁迅文学院学习时，认识了一位写都市小说的内容创作者，多年来，我们一直保持着联系。2023年年初，这位内容创作者告诉我她出版了一本新书，让我提供一个收件地址。在我收到她寄来的新书后，我惊讶地发现，她最新出版的这本新书不是都市小说，而是育儿类科普图书。

一位擅长都市题材的内容创作者为什么能转战育儿类科普图书并获得成功？我想这背后的原因就在于内容创作者为目标受众提供了较高的实用价值。具体来说，一方面，市场存在客观需求。初为人父或者初为人母时，很多年轻的爸爸妈妈都不知道如何带孩子。刚出生的婴儿不会用言语表达自己的需求，一切都只能靠父母去猜。比如，孩子是不是穿多了？是不是饿了？是不是冷了？是不是拉屎拉尿了？在这些问题的判断和处理上，没有经验的父母和经验丰富的父母相比，差距非常大。这时候，与育儿相关的图书、短视频等内容的实用价值就充分体现出来了。另一方面，这位内容创作者也是从一位新手妈妈逐步成长起来的，她深知新手爸妈会面临哪些难题，想要得到哪些帮助，所以她借助自己的写作特长，与专家合作，把想法变成行动，经过大半年的努力，一本全新且权威的育儿类科普图书就在她的笔下诞生了，并且受到了读者的欢迎和认可。

你是否有一技之长？你是否有别人没有的独特本领？你是否愿意把这些知识和技能以内容的形式分享出来？如果你的回答是肯定的，那么你就可以让你的内容产生实用价值，并把这些具有实用价值的内容传递给读者。我相信，每个人都有独特的经历、独到的本领，将这些记录下来、分享出来，使内容产生实用价值，你就有可能收获满满。

（二）情绪价值：与受众建立情感连接

为什么梁祝的故事能让人对美好的爱情产生向往？为什么《钢铁是怎样炼成的》能催人奋进、激励普通人摆脱眼前的困境？为什么电视剧《红岩》能让人对先烈产生敬佩之情？为什么一部喜剧片能让人感到轻松愉悦？……好的内容之所以能让人记住、给人留下深刻的印象、改变人的思想，甚至影响人的决策和行动，很大程度上是因为好的内容能够给人带来不可估量的情绪价值。

内容的情绪价值往往不在于内容是否提供了知识或解决方案，而在于它能否引发某种情感反应，比如感动、快乐、同情或愤怒。具体来说，具有情绪价值的内容通常会让受众产生强烈的感受。例如，触动心灵的故事、感人的回忆录、励志的案例分享，这些具有情绪价值的内容能够让受众产生情感共鸣，受众不仅会记住你的内容，还可能会主动分享给别人，形成一种非常强大的传播力量，让你的内容获得更多的曝光。除了情感上的触动，内容的情绪价值还体现在激发受众的行动上。也就是说，内容的情绪价值不仅在于引发情感反应，更在于它能通过这些情感反应引导受众思考、行动，甚至改变受众的行为模式。比如，一部关于环境保护的纪录片，能够引起观众对环保问题的关注，进而促使他们采取实际行动。同样，一篇关于社会不公的文章，可能会引发读者对现状的反思，并唤起他们改变现状的意愿。

那么，内容创作者要怎么做，才能够让内容具有情绪价值呢？我认为，可以从以下两个方面入手。

一是了解受众，找到共鸣点。当内容能够让受众产生情感共鸣时，它就具备了极强的情绪价值。通过分析受众的背景、兴趣和痛点，你可以找到触动受众内心情感的共鸣点。共鸣点既可以是一个小小的生活细节，也可以是一个深刻的社会议题。例如，一篇关于职场压力的文章，可能会让许多职场人产生共鸣，因为他们在日常生活中也面临着类似的困境。

二是利用故事。故事是传递情绪的一种有效方式。一个引人入胜的故事，不仅能够吸引受众，还能让他们产生情感共鸣。因此，在创作内容时，内容创作者可以尝试通过讲故事的方式来传递信息。值得注意的是，故事的情节不需要过于复杂，但情感一定要真实动人。

（三）信息价值：提供新知，传递有用信息

人们追求内容，不仅是为了获得乐趣，也是为了汲取新知。在市场经济条件下，信息已经成为一种重要的商品。大部分人都渴望拓展自己的认知边界，想要了解自己不知道的信息和知识。有一个概念叫"信息茧房"，说的是人们会习惯性地被自己的兴趣所引导，而对自己兴趣以外的信息一无所知。从内容创作者的角度来说，好的内容不仅要陈述事实，还应该提供经过筛选的、有用的信息，并且以一种受众能够轻松理解的方式呈现出来。如果你提供的内容能够帮助受众打破"信息茧房"，让受众通过接触这些内容了解更多的信息、拥有更开阔的视野或更精确的判断依据，那么，这样的内容肯定是有价值的。

那么，内容创作者具体要怎么做，才能够让内容具有信息价值呢？我认为，可以从以下两个方面入手。

一是提供新信息，这种新信息既可以是对某个事

件的全新解读，也可以是对热门话题的深度分析，还可以是对某个趋势的预判。例如，在科技领域，如果你是第一个向你的受众介绍某款新产品、某个新技术或新应用的人，那么你的内容就具有非常高的信息价值。

我自己有一个蛮有趣的经历。因为我喜欢种地，所以偶尔会在微博上发布一些相关内容。有一次我在关注我的微博粉丝里做了一个小调查：你们是因为什么而关注我的？我原本以为，大家都是因为看了我的书，所以关注我的。没想到，不少网友说是因为喜欢看我种地的内容，这让我大感意外。后来我才明白，不少网友之所以会关注我的微博，一方面是因为他们的生活经历或多或少跟农村、土地、菜园有一定的关系，我平时发的内容勾起了他们对往事的回忆，对故人的怀念。换句话说，对于这些网友而言，我发的内容给他们提供了一定的情绪价值。另一方面则是因为部分从小在城市长大、工作和生活都在城市的网友，想要了解他们所不知道的、不熟悉的领域和信息。城里人希望看到农村人的那些事,农村人喜欢看城市里才有的那些事物,这个地方的人总想知道那个地方的人和事……所有的这些,构成了这个世界的信息差。你把你知道但别人不知道的信息以文字或其他形式呈现出来,就能创作出具有信息价值的内容。

二是提供有深度的内容。举个例子,如果你的目标受众对于某个话题已经有了初步的了解,那么你针对这个话题,既可以深挖某个侧面或细节,也可以对已有的信息进行重新组合和解释,以帮助你的目标受众看到更全面的图景,对话题有更深层次的了解。对不同事物进行深入的对比和分析、用数据支持观点以及运用有说服力的逻辑进行推导,这些方法和技巧有助于增加内容的深度,帮助你的目标受众突破原有的认知局限。

总的来说,判断内容是否优质,并非单一维度的考量,而是需要综合多个维度去评估。实用价值、情绪价值、信息价值这三个维度,是内容创作者衡量和提升内容价值的重要标尺。当然,在内容创作过程中,我们可以根据目标受众的需求与兴趣，调整内容的侧重点。有时，内容可能更注重实用价值，目的是帮助目标受众解决问题；有时，内容可能更偏向于情感价值，目的是触动心灵，引发目标受众的情感共鸣。对于每一位内容创作者来说，理解并运用这些维度去创造内容，你就能够更好地服务你的目标受众，让你的内容具有更高的价值和更大的影响力。

02　找选题的原则和方法

对于一名内容创作者而言，确定选题往往是整个内容创作过程中的第一步，也是至关重要的一步。如何在纷繁复杂的信息海洋中找到合适的选题呢？以下是我在创作过程中积累的一些经验，希望能为你提供参考。

（一）好选题的四个特征

在寻找选题之前，我们需要对"好选题"有一个清晰的理解。在我看来，一个好的选题通常具有四个特征。

一是目标明确。选题首先要有明确的目标，即你希望通过你的内容取得怎样的效果。这个目标可以是多种多样的，比如分享知识、传播理念、引发情感共鸣、提供实用建议等。明确目标能够帮助你在内容创作过程中保持方向感，避免内容过于散乱。

二是满足目标受众的需求。归根结底，内容创作者创作出来的内容最终是要给目标受众看的，因此选题必须能够满足目标受众的需求。这意味着，你需要深入了解你的目标受众，知道他们关心什么、面临哪些困惑、希望从你的内容中获得什么。只有当选题能够满足目标受众的需求时，内容才能真正引起他们的兴趣。

三是具备时效性和相关性。一个好的选题应具备时效性和相关性。时效性意味着选题要与当下的社会热点或趋势相结合，确保内容在当下的语境中是有意义的。相关性则是指选题与目标受众的生活、工作或兴趣相关，能够让他们在实际场景中产生共鸣或感知到内容的价值。

四是有趣与有用的平衡。在寻找和确定选题时，内容创作者需要把握"有趣"和"有用"之间的平衡。一方面，有趣的选题能够吸引目标受众的注意力，但过于娱乐化的内容可能难以提供实用价值。另一方面，单纯有用但枯燥的选题则可能导致目标受众失去阅读兴趣。因此，内容创作者在寻找选题时，应考虑如何让选题既有趣味性，又具备实用价值。

（二）寻找选题的方法

在明确了什么样的选题属于好选题之后，接下来便是如何找到合适的选题。在内容创作的过程中，很多人常常会陷入"选题枯竭"的困境，仿佛所有能够想到的选题都已经被他人用过，找不到新鲜、有趣、能够吸引受众的内容。下面，我将围绕如何找到一个合适的选题，分享几种常用且有效的方法，希望对各位内容创作者有所启发。

一是从个人的兴趣出发。内容创作往往是一个长期持续的过程，如果某个选题是你真正感兴趣的，那么你的创作过程往往会比较轻松愉快。因此，在寻找选题时，你不妨先从自己的兴趣出发，例如，哪些领域是你特别关心、感兴趣，甚至想要深入研究的？无论是文化、科技、时尚还是其他，找到你感兴趣的领域，便意味着你已经找到了一个潜在的选题来源。随着你对某个领域的了解和研究逐渐深入，我相信，选题的灵感会源源不断地产生。

二是了解市场、分析市场。内容创作者首先要了解市场、分析市场，以市场为导向。在不了解市场的情况下埋头创作，这样的做法我觉得不太可取。在正式确定选题之前，你可以先下功夫做一番市场调查。例如，你可以多逛逛书店，看看现在市场上出了哪些新书，也可以查看各大电商平台的畅销排行榜，看看哪些类型的图书或者哪几本书卖得比较好。通过市场调查，你可以大概了解当下读者对哪些内容感兴趣，怎样的内容更容易获得读者的关注。

三是倾听目标受众的声音、了解目标受众的需求。内容创作的终极目标是与目标受众建立联系，满足他们的某些需求。很多内容创作者的选题灵感正是来源于目标受众的提问、评论或反馈。从这个角度来说，倾听目标受众的声音、了解目标受众的需求也是寻找选题的一个重要方法。你可以通过听取目标受众的反馈意见、分析目标受众的需求等方式来判断他们最关心的是什么。例如，社交媒体上的评论、论坛里的讨论，以及目标受众提交的留言和问题，这些都是洞察目标受众需求的宝贵资源。此外，你还可以主动开展问卷调查，了解目标受众的需求。通过与目标受众建立联系与互动，你不仅能够找到合适的选题，还能提升目标受众的参与感。

四是关注行业趋势与社会热点。选题往往需要与时俱进，尤其是在一个信息更新速度非常快的时代，关注行业趋势和社会热点，是寻找选题的一个有效方法。一方面，你可以通过阅读行业报告、白皮书，以及参加相关的会议、讲座等方式，保持对行业趋势的敏感度，在内容创作上比他人更快一步。例如，科技领域的内容创作者可以关注最新的科技发明和技术突破，时尚领域的内容创作者可以关注时尚潮流，金融领域的内容创作者可以跟进市场变化和政策动态。另一方面，社会热点也是内容创作者在寻找选题时的重要参考和灵感来源。社会热点自带话题性，能够吸引人们的注意力，因此，围绕社会热点创作内容，往往能够有效提升内容的传播力和影响力。你可以通过社交媒体平台的趋势榜单、热门话题标签等渠道来了解最新的社会热点。无论是文化、科技、经济还是娱乐，每个行业或领域都有源源不断的热点和话题，关键是要找到与你创作方向相关的部分。

五是解决痛点。从目标受众的痛点出发，是一种非常有效的确定选题的方法。痛点是指人们在生活、工作或学习中遇到的难题或困惑。你的内容如果能够解决目标受众的痛点，那么必然会获得目标受众的关注和传播。比如，某个技术领域的操作步骤复杂且少有人讲解，那么你就可以深入研究，制作详细的教程或指南。这样的内容往往能够受到目标受众的关注和欢迎。

六是挖掘个人的经历与故事。每个人的经历和故事都是独一无二的，而这些经历和故事往往可以成为你的选题来源。个人的经历和故事之所以吸引人，是因为与那些抽象的观点和理论相比，这些内容通常能够给人一种真实感，更容易引起读者的共鸣。你可以通过回忆过去的经历，总结其中的经验教训，进而提炼出具有普遍意义的内容。例如，旅行中的文化碰撞、工作中的挑战与成就、家庭生活中的矛盾与感悟，这些都是可以深入挖掘的选题素材。保持对生活的敏感度，多关注身边的点滴变化，你会发现灵感无处不在。

（三）避免常见的错误

在寻找和确定选题的过程中，有一些常见的错误容易让内容创作者偏离正确的方向。避免这些错误，能够让你更加高效地找到合适的选题。

首先是主题过于宽泛或模糊。主题过于宽泛或模糊不仅会导致内容创作者在创作内容时难以深入展开，也会让受众难以对内容产生明确的期待。比如，"如何提高工作效率"这个主题就相对宽泛，可能包含无数个子议题。相反，如果你以"如何通过时间管理工具提高工作效率"为主题，那么你的内容主题会更加明确，你在进行内容创作时也会更有针对性。

其次是盲目追热点。虽然热门话题能够带来流量，但盲目追热点有可能让你在实际创作过程中缺乏热情。如果你对某个话题并不感兴趣，那么你创作出来的内容就有可能缺乏深度。因此，内容创作者在追热点时要考虑自己的兴趣和特长，避免盲目跟风。

最后是脱离受众。在寻找选题时，过分注重个人表达而忽视受众的需求，也是一大错误。如果你的内容只是你的自我表达，无法满足受众的需求，那么你的内容就很难让受众产生共鸣，也就很难被人广泛传播。始终站在受众的角度去思考选题，能够帮助你更好地与受众建立联系。

03　如何寻找合适的内容素材

　　确定选题往往是内容创作的第一步。一个好的选题可以为内容创作打下坚实的基础，但内容能否吸引目标受众、引发深刻思考，最终还是取决于内容是否丰富、准确且有吸引力。从这个角度来说，在确定选题之后，找到合适的内容素材，是内容创作者在创作过程中不可忽视的重要环节。好的内容素材不仅能够为内容增光添彩，还能引发目标受众的思考与共鸣。

那么，怎样才能找到合适的素材并将其巧妙地运用到内容创作中呢？接下来，我将就这个话题分享一些我自己多年来积累的经验与技巧，希望能够给你一些启发和帮助。

（一）明确内容框架，确定素材需求

在开始寻找素材之前，首先要做的是明确内容的框架，理清内容的逻辑结构。这决定了你需要什么样的素材来支持你的论点或丰富内容。而明确内容框架的过程，类似于为建筑打地基。你可以列出几个关键点或者核心问题，它们将成为内容的主体部分。例如，如果你要写一篇与环保有关的文章，那么你的文章可能会有几个大的部分，分别讨论不同的环保议题，包括但不限于污染现状、个人行动的重要性、技术创新的可能性等，而不同的部分需要的素材往往是不一样的。因此，明确内容框架的主要目的是明确你需要哪些素材来支持每一部分内容的论述。换句话说，你不能盲目搜索资料，而是要有针对性地去寻找素材。

（二）广泛阅读，积累素材

阅读是创作的基石。一个好的内容创作者，往往会通过广泛的阅读来积累大量的素材。无论你写的是哪种题材，阅读都能帮助你开阔思路，积累大量可供参考的素材。从这个角度来说，内容创作者不应局限于某个领域，而应该广泛涉猎不同领域的内容，从而建立一个属于自己的素材库。如此，内容创作者在创作内容时可以迅速从自己的素材库中找到合适的素材加以运用。

（三）精准搜索素材

可以毫不夸张地说，互联网为内容创作者提供了取之不尽的内容素材，但这也意味着你必须学会如何更高效地在互联网上找到你所需要的内容素材。对此，我有几个小技巧，供你参考。一是使用精准的关键词。精准的关键词能够大大提高检索的精准度，帮助你更快地找到与选题相关的有价值的资料，避免把时间浪费在无关的信息上。例如，如果你在写一篇关于人工智能的文章，那么你可以尝试使用类似于"人工智能发展趋势""AI技术应用案例"等较为具体的关键词，而不是使用"人工智能"这样较为宽泛的词语。二是运用高级搜索功能。许多搜索引擎都会提供高级搜索功能，可以根据时间、地域、文件格式等条件对内容进行过滤。因此，内容创作者可以合理利用这些高级搜索功能，从而快速找到符合要求的内容。比如，如果你在寻找最新的行业数据，那么你可以将时间范围限定在过去一年内。三是选择权威和可靠的来源。相较于一些未经证实的网络信息，具有一定权威性的资料能够更好地支持你的观点和内容，增加内容的可信度。不同的领域有不同的权威资料来源。例如，与科学领域有关的内容，可以参考知名的学术期刊、研究报告和论文；与经济领域有关的内容，可以查阅国际货币基金组织、世界银行、政府机构以及各大财经网站发布的数据与分析报告。

(四)数据的获取与使用

对于许多选题,尤其是经济类、社会类、科技类的选题来说,数据能够让你的论述更加有力,增加内容的可信度。在寻找数据时,你可以通过各类权威机构发布的统计报告,获取与你主题相关的数据,这些机构的数据通常经过严谨的采集和分析,可信度较高。在使用数据时,你要学会分析数据,避免断章取义或者仅凭单一数据得出片面结论。比如,在分析某个国家的经济状况时,单一的 GDP 增长率并不能完全反映一个国家的经济状况,你还需要结合就业率、通货膨胀率等其他指标进行综合分析。在呈现数据时,你可以利用数据制作图表,将数据以图表等形式呈现给读者,增加内容的可读性。

(五)采访与对话:获取一手素材

如果你希望你的内容更具深度与原创性,尤其是在写一些涉及人性、社会现象或者个人经历的内容时，那么采访他人就是一个不错的方法。通过与相关领域的专家、从业者或亲身经历者对话，你可以获得一手资料，为内容注入更多的细节。例如，假设你正在写一篇关于创业的文章，那么与成功的企业家、初创公司创始人或者投资人对话，可以为你提供更贴近现实的案例和经验。同时，通过与受访者互动，你也有机会获得一些意料之外的灵感和素材，从而丰富你的写作内容。

当然，为了采访顺利，你需要做好充分的准备。首先，根据选题寻找合适的采访对象。找到合适的采访对象是确保你能获得有价值的素材的关键。例如，如果你的选题与某个行业的现状和发展趋势有关，那么这个行业的资深从业者、专家学者就是比较理想的采访对象；而如果你的选题是关于个人经历或社会现象的，那么亲历者和受影响群体的声音将使你的内容更加生动真实。其次，设计合理的问题。在采访前，你需要做好准备，设计一系列开放性问题，确保受访者能够充分表达自己的观点。具体来说，你要避免问一些过于宽泛或者只需要受访者简单回答"是"或"否"的问题，而是通过开放性问题引导受访者提供更多的细节和见解，让你获得丰富的素材。最后，整理采访内容。在采访结束后，你需要对采访内容进行整理和分析，提炼出对内容创作有帮助的观点、故事和案例。

（六）个人的经验与观察

除了外部资源，内容创作者的个人经验与观察也是内容创作的重要素材来源。日常生活中的点滴、对周遭社会的观察、与他人的互动以及自身的经历，这些都可以转化为你的内容创作素材。尤其是在写一些生活类、情感类、社会现象类的内容时，个人的经验与观察不仅能够为内容增添真实感，还能激发目标受众的情感共鸣。那么，如何将个人的经验与观察转化为内容创作素材呢？我有几个技巧和方法，供你参考。

一是记录日常灵感。许多内容创作的灵感和素材都来自日常生活中的观察与思考。你可以随时随地记录下那些打动你、引发你思考的瞬间。这些记录不一

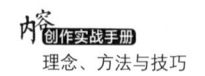

定是完整的故事或论点，可能只是某个场景、对话或感悟，但它们往往能为你的内容创作带来独特的素材和灵感。

二是个人经历的转化。个人的亲身经历是你独有的素材，通过将个人经历与内容主题相结合，你可以为内容注入更多的细节与情感，使内容更具吸引力。

三是从观察中提炼主题。在日常生活中，你会遇到许多值得思考和探讨的现象。你对这些现象的观察和思考就可以转化为你的内容创作素材。例如，你在公交车上观察到的社会现象、在人际交往中所获得的感悟等，这些都可以成为你的内容创作素材。

04　与有故事的人合作

内容创作犹如酿酒。要想酒的品质好、味道好，就必须有好的原材料。很多内容创作者可能会有这样的困惑：自己既没有独特的经历，也没有独特的技能，不知道写什么。我认为，对于有这种困惑的内容创作者来说，你可以去采访有独特经历和技能的人。通过体验他们的生活，听他们的讲述，把那些具有独特性的内容以文字或者其他形式呈现出来，也是非常有价

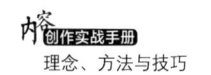

值的。换句话说，当你自己的经历不够独特、创作素材不够丰富的时候，选择与有故事的人合作，是一条创作素材永不枯竭的康庄大道。

（一）寻找那些有故事的人

寻找有故事的人是第一步，也是最重要的一步。生活中不乏有故事的人，你只需用心去寻找和发现。以下是几种常见的途径。

首先是你的社交圈子。在你的身边，可能就有一些有故事的人。也许是刚刚结束了一次时间长达几个月的徒步旅行的某个朋友，也许是有丰富的志愿者经历的某个同事，又或者你的邻居可能也有一些鲜为人知的、值得书写的经历。这些人就在我们的身边，而他们的故事往往可以成为你的创作素材。与他们进行深入交流，你往往可以挖掘出他们经历中的独特性，发现值得分享的内容。

其次是兴趣团体。兴趣团体往往聚集了一群热爱某个事物并拥有独特经历的人。加入兴趣团体或者参加兴趣团体举办的活动，你可以发现那些拥有特殊技能或独特经历的人，从而挖掘出新的创作素材。

再次是网络平台。网络平台是内容创作者寻找创作素材的有效渠道。通过网络搜索功能，你可以找到那些拥有特殊经历的博主、意见领袖或普通人。深入了解他们的背景，联系他们进行采访，将他们的故事转化为内容，不仅可以让你获得更丰富的创作素材，还能让你的作品更有深度和影响力。2011年年底，我从重庆出发前往北京，采访某医院的一名急诊科医生。在此之前，我已通过微博与对方联系妥当，相约合作写一本有关医院急诊科的书，她负责提供故事素材，我负责创作。这是我第一次自掏腰包去采访。在此之前，我出差去外地采访，差旅费都是由我所在的单位承担的，当然，采访后写出来的稿件也都是在我所供职的媒体上发表的。但这次采访与以往任何一次采访都不一样。这是完全由我独立决定、独立预约、独立完成的一次采访。当时，我不知道采访是否能够顺利完成，也不知道最后创作出来的作品是否有出版社愿意签约出版，只知道如果一个内容创作者缺乏创作素材，那么他的创作思路就会枯竭。当时的我很拘谨，不善言辞，但那位医生很随和。她喜欢和同事开玩笑，性格直爽，快人快语。经过一段时间的跟踪采访，我掌握了许多一手创作素材。2013年，我和对方合作完成的《急诊科的那些事儿》顺利出版，获得了不错的市场反响。

最后是公开信息。通过一些公开信息，例如新闻报道、纪录片等，内容创作者常常能够发现一些有独特经历的人，他们的故事已经被部分揭示，但你可以通过更深入的采访和研究，提炼出新的视角，从而创作出更丰富、更深刻的内容。2019年年底，我在网上看到一则新闻：在登山向导的帮助下，某地一位女企业家成功登顶珠峰，成为当地首位登顶珠峰的女性。在看到这则新闻的时候，我的脑海里突然冒出一个想法：我们能不能找一位珠峰登山向导，然后把他攀登珠峰的故事写出来？对于普通大众而言，能登顶珠峰一次已是一生的荣耀，但是对于珠峰登山向导而言，他们一次又一次攀登珠峰，肯定有着与众不同的经历和故事。想到这里，我立即在网上搜索了一下，发现一个叫扎西次仁的珠峰登山向导，创下了当时登顶珠峰次数最多的纪录。既然要找登山向导，那就找这位登顶珠峰次数最多的登山向导，他一定有非常多的故事！确定了人选，接下来的问题就是如何才能联系上扎西次仁。我根据新闻报道中提到的单位名称反复寻找，最终找到了扎西次仁的联系电话。经过几次电话沟通，扎西次仁同意了我们的合作。2021年，由扎西次仁口述、由我执笔的《我在珠峰当向导》公开出版。

（二）将他人的故事转化为你的内容

采访有故事的人只是第一步，接下来你要做的就是将这些独特的经历转化为适合你的创作内容。这一过程不是简单的复制与粘贴，而是需要技巧的艺术加工。以下是一些具体的方法。

一是深入挖掘故事背后的情感。每个故事的背后，往往都有值得挖掘的情感。你的任务就是找到这些情感，并通过文字或其他形式将其表达出来。情感是内容能够引发受众共鸣的关键所在。比如，一个长跑选手的故事，表面上是关于如何挑战身体极限的故事，但在深入挖掘后你可能会发现，在当事人坚持训练的背后，有一段感人至深的个人故事，例如对梦想的执着、对家庭的责任等。这些都是打动观众的核心内容。

二是找到合适的切入点。每个故事都可以从不同的角度切入，找到最适合你的切入点至关重要。比如同样是写一位周游世界各国的旅行者的故事，你既可以选择从文化的角度切入，通过这位旅行者的个人经历和故事来体现不同国家的文化差异；也可以从个人成长的角度切入，呈现旅行者在旅行过程中所获得的自我成长；还可以从图片的角度切入，通过旅行者的摄影作品展现不同国家的风土人情。

三是结构化呈现。好的内容离不开好的结构。将他人的故事转化为完整的内容时，你需要设计合理的结构，使读者能够清晰地理解故事的脉络。一种常见的结构是"引子—发展—高潮—结尾"，这种结构能帮助你有效地展现故事中的起伏和变化，引导受众随着故事的推进产生情感波动。

四是融入个人风格。虽然你是在写别人的故事，但这并不意味着你要完全抛弃你自己的写作风格。相反，融入你个人的视角与写作风格，是内容创作过程中必不可少的一部分。你可以在采访与记录的过程中加入自己的见解、感受，或者通过独特的语言风格赋予内容新的生命。

与有故事的人合作，实际上是一种双赢的内容创作模式。对于内容创作者来说，与有故事的人合作，不仅可以开阔视野，获取新的创作素材，激发创作灵感，还可以塑造品牌，提升影响力。而对于那些受访者来说，他们的经历和故事通过你的内容创作得到了更为广泛的传播，这也是他们进行自我表达与分享的一种方式。

总而言之，内容创作的素材并不局限于你自己的个人经历。也就是说，即便你认为自己的经历不够特别，这也并不意味着你无法创造出有价值的内容。通过与那些有独特经历和技能的人合作，你同样可以创作出精彩的作品。

05　润色文稿的方法与技巧

完成初稿只是第一步，内容的最终质量往往取决于后续的润色与修改。润色不仅是对语言的雕琢，更是对思路的梳理、逻辑的完善以及整体结构的优化。接下来，我将分享一些润色文稿的方法和技巧，帮助你提升文稿质量。

（一）通读文稿：发现问题

润色的第一步，是从全局的角度通读你的文稿。内容创作者创作的初稿可能充满了创意，但也可能在结构和逻辑上存在诸多漏洞。在通读文稿的过程中，不要急于修改具体的句子或词语，而是要集中精力寻找大问题，例如，文稿内容的逻辑顺序是否合理？是否有某些部分讲述得不清楚？章节与章节之间的衔接是否自然？等等。通过通读文稿，你可以梳理出哪些地方需要大规模修改，哪些部分已经基本达到了预期效果。此外，通读文稿还可以让你从读者的角度来评价文稿。如果你在阅读时感到某些部分无聊、混乱或不连贯，那么读者很可能也会有类似的感受。总的来说，通读文稿的主要目标是发现问题，做好润色书稿前的准备工作。

（二）调整结构：保证内容连贯

好的文稿需要有一个清晰的逻辑结构，文稿中的每一部分都应该紧紧围绕主题展开，章节之间需要有明确的逻辑关系。有时，内容创作者在创作初稿时，可能会因为灵感的突然涌现，导致某些章节的先后顺序出现问题，或者有明显的逻辑漏洞。这时候，我们需要重新审视文稿的结构，看是否需要调整章节顺序，或者重新构建某些段落的逻辑顺序，确保文稿的内容叙述是自然且有条理的。结构上的调整往往会让文稿更具逻辑连贯性，使读者能够顺畅地理解内容。具体来说，在润色文稿时，内容创作者可以采用以下两种方法来检查和调整结构。一是检查章节安排。如果某些章节之间的衔接显得生硬，那么就需要调整章节顺序或增加过渡段落。二是删除冗余内容。很多内容创作者在创作初稿时，容易在细节中迷失自己，结果导致内容表述过于啰唆。针对这种情况，内容创作者在润色文稿时要学会"做减法"，如果某些细节与主题无关，那么就应该果断地删减，以确保每一个段落、每一句话都能为核心主题服务。

（三）完善逻辑：确保论述严密

无论是小说、散文，还是学术类作品，文稿中每一个论点的前后逻辑都必须连贯、严谨。许多文稿中的逻辑问题并不是因为内容创作者的思维混乱，而是因为内容创作者在创作过程中，没有清晰表达出内心的想法。因此，在润色文稿时，内容创作者需要仔细检查每一个论点的前后内容是否合理，结论是否符合逻辑。如果某个观点的支持证据不够充分，或论述不够详细，那么内容创作者就需要补充更多的事实或论证材料。此外，如果某些论点缺乏合理的过渡，或突然出现在文章中，那么内容创作者可能就需要适当增补内容，加以说明或解释，确保读者能够准确理解。

（四）优化语言：提升表达力

很多内容创作者在创作初稿时，使用的语言表述往往比较直白或随意，这不仅会影响文稿的文字质量，还会影响读者的阅读体验。因此，在润色文稿的过程中，语言的优化是重中之重。具体来说，内容创作者可以

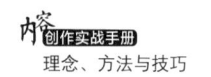

从以下几个方面入手，对文稿的语言进行优化。

一是统一语言风格。不同的内容类型有不同的写作风格，例如，学术类文稿的语言风格往往较为严谨，而小说类文稿则更注重叙事的生动性。无论是哪种类型的文稿，内容创作者都需要在润色文稿的过程中检查自己的文稿在语言风格上是否始终保持一致。

二是优化句子。冗长的句子和复杂的结构会让读者感到困惑，削弱内容的冲击力。因此，在润色文稿时，内容创作者需要尽量简化句子，去除多余的形容词和副词，让表达更加简洁明了。此外，内容创作者可以调整句式结构，通过短句与长句的交替使用，避免一段话中所有句子的长度相近而让读者觉得单调乏味。

三是优化词汇。在优化词汇方面，一个有效的技巧是将重复使用的词汇替换成更加精准且富有表现力的词汇，例如，将"说"替换成"喃喃道""大声喊"等具体的动词，可以为文字增添情感色彩和画面感。此外，内容创作者需要考虑文稿的目标受众，避免使用太过专业或晦涩的词汇，除非你的目标受众对这些词汇非常熟悉。

（五）寻求外界的反馈

在润色文稿的过程中，每个内容创作者都存在局限性，特别是在反复修改之后，内容创作者可能会对一些问题视而不见。因此，在润色文稿的过程中，寻求外界的反馈是不可或缺的重要环节。具体来说，在完成初步的文稿润色工作后，你可以邀请一些可靠的朋友、同行或者专业的编辑来审阅自己的文稿，并请他们对自己的文稿提出修改意见。他人的反馈往往能够为你提供不同的视角，帮助你发现自己没有注意到的问题。在收到他人的反馈后，你需要仔细分析他人的意见，并结合你自己的实际想法，对内容进行相应的调整。

（六）反复推敲

润色文稿是一个需要反复推敲、不断完善的过程。很多优秀的文稿都是经过多轮润色才达到最终的理想状态的。换句话说，内容创作者通常需要对文稿进行多轮的润色与修改，使文稿不断接近内容创作者心目中的理想状态。在实际操作过程中，有两个小技巧，供你参考。一是多次通读，即在每一轮润色完成后，再次通读全文，看看是否有新的问题出现，或者是否还有可以进一步优化的地方。二是采用时间间隔法，即在每一轮润色完成后，间隔一段时间，再重新审视文稿。这种做法往往能够让你以更加客观的眼光来看待文稿，发现之前忽略的问题。

（七）注意细节：检查字词与标点

润色文稿的最后一步是注意细节。在润色文稿的最后，内容创作者一定要仔细检查文稿中是否存在错别字、标点误用等问题。这些看似微不足道的细节，往往会影响读者对文稿的整体印象。

06　用一个有吸引力的主题把内容串起来

2018年，小军到重庆来，无意中向我推荐了一本散文书，这本散文书的作者从美术学院毕业后，到终南山上过起了隐居生活，而这本散文书就是记录他的隐居生活的。小军说，在现实生活中，不少都市人的工作压力和生活压力都非常大，但很多人因为种种客观原因无法逃离当下的生活环境，因此，看看别人的闲适生活也能在一定程度上起到解压的作用。虽然主题比较小众，但考虑到中国拥有超过 14 亿人口这个大背景，从绝对数量来看，目标受众的规模也是非常庞大的。

听完小军的讲述，我对市场上已有的图书进行了广泛的搜集和阅读。这些书大多图文并茂，充满了生活气息。有的作者移居海外，将院子里的草坪改造成菜园，然后写了一本书；有一对夫妇在楼顶种菜，并把种菜的经历写成书出版了；还有人利用阳台种菜，把种菜的过程记录下来并以图书的形式出版了……虽然这些书的文笔参差不齐、图书的装帧设计和用纸也大不相同，但不管怎么说，这些图书都出版了，摆在货架上面向读者售卖了，我认为这也算是一种成功。

我在自家小区后面有一块菜地，并且我已经在那块菜地上种菜多年了。参照市场上已有的图书，我觉得我也可以写一本类似主题的图书。

有了主题方向，接下来的问题就是如何把内容写出来。每天忙于工作，要想静下心来写作一本十多万字的书稿，其实并不是一件容易的事。有一天，我忽然想起，自己在很多年前曾经写过一些与故乡、田园相关的散文。也就是大约 20 年前，我大学刚毕业的那段时间，除了纪实特稿，我也喜欢写散文——写故乡、写农村、写故乡的人和事。对我来说，我写这些内容就是一种回忆、一种记录，带有很强烈的个人色彩，几年积累下来也有八九万字了。当时，我特别希望能将这些内容发表，无论是报刊还是图书，只要能发表，我就已经很知足了。但我知道，我当时写的这些都是非常小众、非常个人化的内容，要想发表或出版是很难的。于是，这些内容就一直存在我的电脑里，就像一颗种子被埋在土壤里，一直没有生根发芽。

纯粹怀念故乡、怀念农村的内容很难出版，那么当这些内容和我在城市里种菜的经历结合起来，情况是不是就不一样了？我敏锐地意识到，那颗被埋藏了约 20 年的种子可能就要生根发芽了，它嗅到了春天的气息。于是，我迅速地将之前写的散文找出来，大概八九万字，然后配上我在城市里种菜的图片和文字内容，一本 12 万字左右的书稿很快就成型了。

虽然从表面来看，这本书稿讲述的是我在城市里种菜的经历和见闻，但实际上这些只不过是内容的外衣，真正的内核是我多年以前写的与故乡、田园有关的内容和对生活的感悟，一个合适的主题将两块原本缺乏关联的内容有机地结合到了一起。

后来，我和广西师范大学出版社签约，将这些内容以图书的形式出版了，书名最终被编辑定为《南山有我一亩田》。封面上的一句主要文案是：写给城市人的种地书。封底的主要文案是：过最简单的生活，让身体找回自然的秩序。

这本书的出版，也满足了我签售的愿望。当时，出版社担心线下签售没人来捧场（我猜的），于是想出了"印前签名"的办法，即印刷厂将裁切好的500本书的扉页环衬纸快递给我，我在每一张纸上签名后再寄回印刷厂。虽然连续几天的手写签名让我差点得了腱鞘炎，但如果有机会再来一次，我依然很期待。

07　给内容拟一个好的标题

作为一名内容创作者,我深知标题对于内容的重要性。无论是文章还是其他形式的内容,标题都扮演着至关重要的角色。我认为,标题有三个主要功能。一是吸引读者注意。网络时代,信息泛滥,读者的注意力极其宝贵。标题就像一扇大门,它决定了读者是否愿意进来一探究竟。换句话说,你的标题必须足够吸引眼球,才能吸引读者仔细阅读你的内容。二是反映内容主题。标题不仅要吸引人，还要准确反映内容的主题或核心，让读者明白内容主要讲的是什么。三是预告价值。一个好的标题能够给读者传递一种预期，让他们知道阅读你的内容能够获得哪些价值。

那么，如何给内容起一个好的标题呢？基于多年的创作经验，我总结了一些方法和技巧，希望能够给你带来一些启发。

（一）抓住核心：突出内容的亮点

好的标题通常能够体现内容的核心亮点，把最吸引人的部分展示给读者。内容创作者在给内容起标题的过程中，可以尝试使用以下几个技巧。

一是提炼关键词。在完成具体内容的创作后，你可以先思考一下内容的核心是什么，然后提炼出几个关键词。而你的标题最好能够包含这些关键词，从而确保你的标题能够准确反映内容的主旨。例如，假设你写了一篇关于内容营销策略的文章，那么"内容营销"和"策略"就是可以在起内容标题时使用的两个关键词。

二是突出独特性。因为读者通常会对与众不同的内容感兴趣，所以如果你的内容在某一方面具有独特性，那么你可以在内容标题中突出这一点，让读者一眼就看到内容的独特之处。

三是展示价值，也就是通过内容标题展现你的内容能够给读者带来的具体价值。

（二）引发好奇：激发读者的阅读欲望

好奇心是促使人们阅读内容的强大动力。一个巧妙的标题能够激发读者的好奇心，让他们忍不住想要了解到底是怎么回事。以下是一些实用的小技巧。

一是制造悬念。制造悬念是激发好奇心的经典方法。例如，标题可以故意留白或只给出部分信息，诸如"他每天只工作3小时，竟然还能月入10万！方法竟然是……"这样的标题常常能够引发读者的好奇，他们会想要知道这个方法到底是什么。

二是提出问题。人们普遍具有好奇心，往往会对问题产生兴趣，想知道答案是什么。因此，在给内容起标题的时候，我们可以采取疑问句的形式，把某个具体的问题作为内容的标题，例如，"为什么90%的创业公司在头三年都失败了？"这样的问题式标题可以有效吸引读者，特别是那些对话题感兴趣的读者。

三是使用反常规的表达。逆向思维和出人意料的表达可以让标题更具吸引力。例如："你以为喝咖啡提神？其实它会让你更疲惫！"这类与常识或普遍认知相悖的标题，常常会引发读者的好奇，促使他们阅读具体内容，以了解真相。

（三）简单明了：让读者一目了然

在拟内容标题时，简洁明了的表达至关重要。太过复杂或晦涩的标题不仅无法抓住读者的注意力，还有可能导致误解。以下是保持标题简洁明了的几个小技巧。

一是控制字数。字数过多的标题常常会让读者感到信息过载，无法在短时间内明白标题想要表达的核心含义。而过短的标题又有可能表达不清。而适当的字数能够在保证信息完整传递的同时，使标题保持简洁明了。

二是避免使用过多的形容词和复杂的修辞。内容标题中含有过多的形容词或复杂的修辞，容易导致信息冗余。而直接使用动词和名词，可以更清晰地把你想要表达的信息传递给读者。例如，与其说"非常全面的内容营销策略"，不如直接说"内容营销策略大全"。

三是使用常见的词汇和表达方式。除非你的读者就是特定领域的专业人士，否则你要避免在标题中使用过于专业化的术语。一般而言，在标题中使用读者熟悉的词汇和表达方式，可以让他们更快地理解标题的含义。

总的来说，给内容拟一个好的标题既是一门技术，也是一门艺术。它既需要你有较强的内容提炼能力，也需要你具备抓住读者心理的能力。借助合适的方法与技巧，你不仅能够拟定一个具有吸引力的标题，还能有效提升内容的传播效果和影响力。希望上面分享的这些方法和技巧能够对你有所帮助，助你在未来的内容创作过程中写出更多让人眼前一亮的标题。

08 提高写作效率的方法

作为内容创作者,写作是我们的日常工作之一。然而,写作的过程并不总是一帆风顺的,尤其是在面对较短的写作周期或繁重的工作任务时,写作效率的高低往往决定了我们能否按时交付高质量的内容。那么,如何才能有效提高写作的效率,让我们在有限的时间内创作出更好的作品呢?接下来,我将基于自己的写作经历和经验,分享一些实用的方法和建议,希望能够帮助你提高写作效率。

（一）制订计划：为写作打下坚实基础

提高写作效率的首要步骤是制订计划。许多内容创作者在开始一个内容创作任务时，往往急于动笔写作，而忽视了前期的规划。然而，缺乏计划的写作往往会导致思路不清、结构混乱，最终反而拖慢了写作进度。因此，在动笔之前，做好以下几项准备工作，能够为后续的写作打下坚实的基础。

一是明确写作目标。不同的内容有不同的目标，例如传达信息、分享经验、说服读者、引发讨论等。在开始写作之前，内容创作者首先要明确内容的核心目标是什么。清晰的目标能够帮助你在写作的过程中保持专注，不至于在无关紧要的细节上浪费过多的时间。

二是确定读者群体，了解读者需求。不同的读者群体有不同的需求和偏好。在写作之前，你要明确你的目标读者是谁，他们关心什么，他们的知识水平如何，这些都将影响你写作时的用词、风格和内容选择。

只有了解了读者的需求，你才能有的放矢地进行写作，避免反复修改。

三是构思内容结构。在动笔之前，你需要先对内容的结构进行初步构思。提前规划好内容的结构能够让你在写作时更加有条理。在具体的写作过程中，你可以用思维导图或简单的提纲将各个部分的要点列出，这样在写作时就不会因为找不到切入点而陷入困境。

（二）写作过程中的策略

在写作过程中，如何高效地将你的想法转化为文字，是每个内容创作者都需要面对的挑战。以下是一些在写作过程中能够帮助你提高写作效率的策略。

一是时刻记录灵感。内容创作是一种冲动。当一个内容创作者的脑海里一直在构思、酝酿某一部作品时，灵感就会在某个时刻闪现出来。此外，外界因素也会激发内容创作者的灵感。比如，内容创作者偶尔看到的一篇文章、一条新闻、一本新书或者见过的某个人、经历过的某件事，这些都能够激发内容创作者的灵感。当你有了灵感，内心有了波澜，迫使你不得不想要"一写为快"的时候，就是你写作的最佳时机。这时候，内容创作者一定要及时抓住这种写作冲动，先把灵感记录下来，再处理其他事务。

二是避免完美主义。许多内容创作者在写作时会不自觉地追求完美，每写一句话或一个段落都要反复推敲，希望每一段文字、每一个句子都完美无瑕、无可挑剔。这种过度追求完美的心态虽然可以在一定程度上提高内容的文字质量，但往往会导致写作效率低下，甚至让写作陷入停滞状态。换句话说，完美主义的陷阱就是，它会让你过分专注于细枝末节，从而忽视了整体。真正的好作品往往是在不断修改和完善中逐步成型的，而不是一开始就完美无瑕的。因此，对于内容创作者来说，写作的第一步是将想法尽可能完整地表达出来，而不是追求一字一句的精确。初稿的作用在于提供一个框架，内容创作者可以通过后续的修改润色来完善内容。换句话说，克服完美主义的关键在于放下对完美的执念，接受不完美的初稿，并相信你可以在后续的修改过程中提升作品的质量。

三是减少分心和干扰。写作需要保持专注，但在现代社会中，让人分心的因素无处不在，短信通知、应用信息、邮件提醒，甚至一些琐事都会打断我们的写作思路，干扰我们的写作过程，让我们很难进入良好的写作状态。为了减少分心和干扰，内容创作者可以使用以下几个小技巧。第一，营造一个良好的写作环境。内容创作者可以选择一个相对安静的地方进行写作，例如你可以在家中设置一个固定的工作区，摆放好所需的工具和资料，一旦坐下来，就让自己进入写作状态。同时，尽可能保持工作区整洁有序，这样也有助于提高专注度。第二，减少电子设备的干扰。手机已经成为我们日常生活中不可缺少的工具，但手机也容易让我们难以静下心来工作。因此，建议内容创作者在写作前将手机调成静音或勿扰模式，并将其放在视线之外，以便集中注意力完成内容创作。第三，合理分配时间。在写作过程中，避免浏览过多无关的内容或陷入查找资料的漩涡。遇到需要查找资料的情况时，你可以先把情况记录下来，待初稿完成后再进行查找资料的工作。

四是可以适当使用工具和写作模板。对于经常撰写的内容类型，创建一套标准化的写作模板可以大大提高你的写作效率。这些模板可以包含固定的结构、常用的短语和句型，让你在每次写作时不必从零开始。模板并不意味着限制创意，而是为你提供了一个框架，在这个框架内你依然可以自由发挥。此外，随着人工智能的逐渐普及，写诗、写小说、给视频配解说词、输入关键字词即可自动生成视频或各种各样的虚拟头像……这些都能让内容创作者在极短的时间内生成作品。需要重点指出的是，我认为只是"生成"作品，而不是"创作"作品。换句话说，我认为人工智能只不过是一种工具，它能节约内容创作者的时间，但是无法帮助内容创作者创作出真正有价值的内容。

（三）自我管理：培养良好的写作习惯

写作效率的提高不仅需要技巧，还需要良好的自

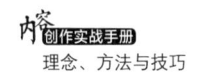

我管理和写作习惯。以下是一些培养高效写作习惯的方法。

一是固定写作时间。许多内容创作者喜欢在灵感来时动笔，但灵感的出现具有非常强的随机性，根据灵感来写作往往难以保证写作的持续性和效率。建议你为自己设定一个固定的写作时间，无论是每天早晨、午后，还是深夜，在这个时间段内专注于写作。固定的写作时间能够培养你的写作习惯，久而久之，你的写作效率就会提高。例如，我在鲁迅文学院学习的时候，曾经问过唐家三少一个问题：每天的时间是怎么规划的？他说他的习惯是每天早起，大概四五点钟起床写作，集中精力写两个小时大约8000字后去吃早餐，吃完早餐再去健身房或者去咖啡馆见朋友、聊事情。

二是设定可达成的目标。设定一个具体、可量化的写作目标，可以激励你更高效地完成任务。例如，每天写1000字，每周完成一篇文章，或是每月完成一本书。将大的任务分解为小的目标，并逐步完成，这种方式不仅能够提高写作效率，还能让你在完成每一个小目标时获得成就感，从而保持持续写作的动力。

三是定期复盘和调整。写作是一个需要不断学习和改进的过程。定期对自己的写作习惯、效率和成果进行复盘，找出其中的不足和可以改进的地方。例如，你可以通过总结写作过程中遇到的困难，分析低效的原因，从而不断优化自己的写作方法。随着时间的推移，这种持续的改进将帮助你逐步提高写作效率，让你成为更高效的内容创作者。

四是保持身心健康。写作是一项脑力劳动，良好的身体和精神状态是高效写作的基础。保证充足的睡眠、合理的饮食和适量的运动，能够帮助你保持精力充沛，避免在写作过程中出现疲劳或倦怠感。

总的来说，写作是一个长期的过程，掌握了高效写作的技巧后，你将能够更自如地应对各种写作任务，在有限的时间内创作出高质量的内容，从而在内容创作的道路上走得更稳、更远。

09　提升自己的写作能力

作为一名内容创作者,写作是我日常工作中最为重要的一个部分。基于多年的内容创作经历,我深刻体会到,写作能力的提升是一个持续不断的过程,它需要你保持学习的心态,通过学习各种方法和技巧来提升写作能力。接下来,我将分享一些个人的经验和方法,希望能够帮助你在写作的道路上取得进步。

（一）坚持阅读

要提升写作能力，首先要从阅读开始。阅读是内容创作者获取写作灵感、扩展知识面和提升语言表达能力的有效途径。通过广泛的阅读，你可以学习不同的写作风格和内容表达方式，并从中汲取灵感。

首先是广泛阅读各种体裁的内容。无论是小说、散文、诗歌，还是新闻报道、学术论文，这些都值得你去阅读。阅读不同体裁的内容能让你接触到不同的写作风格，学到不同的写作技巧。例如，小说可以教会你如何塑造人物和描述场景，新闻报道可以帮助你掌握简洁明了的内容表达方式，等等。

其次是精读经典作品。经典作品之所以经典，往往是因为它们在语言、结构、主题等方面有值得他人学习借鉴的独到之处。精读这些经典作品，分析内容创作者是如何构思文章、如何使用语言和修辞的，这样可以大大提升你的写作技巧。

最后是积极记录，形成阅读笔记。读书时，做好笔记非常重要。你可以摘录书中的精彩段落、值得学习的内容表达方式以及引发你思考的内容。在日后的写作过程中，你可以参考这些笔记，从中寻找灵感或者借鉴表达技巧。

（二）持续写作：实践是最好的老师

写作能力的提升离不开大量的写作实践。只有通过不断地写作，你才能发现自己的不足之处，并找到改进的方法。无论你是刚刚开始写作，还是已经有了一定的经验，持续写作都是提升写作能力的必经之路。

一是设定写作目标。给自己设定一个明确的写作目标，例如每天写 1000 字、每周完成一篇文章等。这个目标不必太高，重要的是保持持续写作的习惯。设定目标可以帮助你克服拖延症，并在实践过程中逐步提高写作水平。

二是尝试创作不同体裁的内容，比如散文、小说、评论、新闻报道等。不同体裁的内容对于语言、结构、表达方式的要求各不相同，这意味着，尝试创作不同体裁的内容可以全面提升你的写作技巧。

三是不断修改完善。在完成内容创作后，你可以从语言的流畅性、结构的合理性、论点的清晰度等方面来审视自己的内容。在发现问题后，不要害怕修改，反复推敲可以使你的内容更加完善。

（三）模仿与借鉴

写作是一门技艺。对于一名内容创作者来说，要想提升写作能力，仿写是一种非常有效的方法。需要说明的是，仿写并不是简单地复制他人的作品，而是在理解和分析他人优秀作品的基础上，通过模仿其结构、语言风格和表达方式，来提升自己的写作能力。换句话说，仿写是一个学习和积累的过程，能够帮助内容创作者更好地掌握写作的各种技巧，形成独特的写作风格。

首先，要选择合适的素材。仿写的第一步是选择合适的素材，这里的素材既可以是经典的文学作品，也可以是优质的新闻报道，还可以是出色的网络文章。无论哪种体裁，重要的是，这些作品在结构、表达或者内容上需要具备一定的独特之处，能够为你的写作提供参考和借鉴。

其次，多加练习。在仿写过程中，切忌机械地复制别人的作品，而是要进行有意识的练习。你可以尝试用自己的语言表达相同的内容，或者调整一些细节，使之更加符合你的理解和表达习惯。通过这样的练习，你不仅可以熟悉各种不同的写作手法，还能逐渐找到适合自己的写作方式。

最后，创造性改编。当你已经熟练掌握了多种不同的写作手法与技巧时，你就可以开始对内容进行创造性改编了。具体来说，你可以尝试在原有框架的基础上加入自己的想法，改变叙述视角或探讨新的话题。通过这种方式，你不仅能够模仿优秀作品的写作风格，还能在模仿的过程中融入自己的创造力，从而让自己的作品更具个性。

（四）重视他人的反馈：不断改进

重视他人的反馈，是提升写作能力的重要途径。

通过别人的意见和建议，你可以发现自己在写作中容易忽视的问题，从而不断改进和提升。具体来说，主要有以下几种方式。

一是加入写作社群。加入写作社群可以让你有机会与其他内容创作者沟通交流。通过分享自己的作品，你可以得到其他内容创作者的反馈，并学习他们的写作方法和技巧。集体的力量可以帮助你发现写作中的盲点，并为你提供新的内容创作思路。

二是向有经验的内容创作者请教。如果你有机会接触到经验比你丰富的内容创作者，不妨向他们积极请教。他们能够为你提供宝贵的建议，帮助你在写作的过程中少走弯路。同时，你还可以从他们的创作经验中学到很多写作方法和技巧。

三是重视读者的反馈。读者的反馈是你了解自己作品影响力的最佳途径。通过分析读者的评论和反馈，你可以了解哪些内容受到了读者的喜爱，哪些地方还有改进的空间。重视读者的反馈，不仅能提升你的写作能力，还能增强你和读者的互动。

（五）保持写作激情：让写作成为一种乐趣

写作是一项需要激情和动力的工作。只有保持对写作的热爱，你才能在长期的写作过程中不断提升自己。如果你感到写作变成了一种负担，那么你不妨尝试以下几种方法，重新找回写作的乐趣。

一是写自己感兴趣的主题。兴趣是最好的老师，它能激发你的写作动力，让你在写作过程中感受到乐趣。即使是工作任务，你也可以尽量寻找与自己兴趣相符的角度来写作。

二是定期更换题材。如果你在写作过程中感到枯燥乏味，不妨尝试更换题材。写一些自己平时不常写的内容，或者尝试一种新的写作风格，这些都可以给你带来新的写作体验，激发你的创作灵感。

三是不要过于关注写作的结果，而要享受写作的过程。写作不是为了完成任务，而是表达自我、思考问题、传递思想的一种方式。在写作过程中，试着放松心态，把写作当成一段与自己对话的旅程，你会发现其中的乐趣和意义。

总的来说，提升写作能力是一个长期而渐进的过程，它需要你不断地学习、实践、反思，并在这个过程中找到属于自己的写作之路。希望我的经验和方法能为你提供一些有用的参考，助你在写作的道路上走得更远。

10　实用有效的写作小技巧

内容作品虽然不可避免地带有内容创作者的个人思想和情感因素,但内容创作者可以采用一些必要的方法和技巧来提高内容的专业性和可读性,以吸引读者的注意力,激发读者的阅读兴趣。作为一名内容创作者,我希望通过分享一些实用有效的写作技巧,帮助大家在内容创作的过程中获得更好的效果。

一是合理组织内容,形成清晰的内容结构。没有良好的结构，内容就会显得杂乱无章，难以抓住读者的注意力。建议内容创作者在动笔之前，先列一个大纲，详细列出每个部分或者每章要讨论的要点。这样做能够帮你理顺思路，避免在写作过程中出现跑题、前后内容重复等问题。其中，采用"金字塔结构"是一种非常有效的写作技巧，即把最重要的信息放在开头，然后逐步展开细节。这样不仅可以确保读者在最短的时间内获得核心信息，同时还能吸引他们继续阅读，了解更为详细的内容。在实际的写作过程中，内容创作者可以在内容的开头部分，就明确交代内容的主题、核心观点或结论。这样即便读者没有耐心读完全文，也能了解你想要传递的主要信息。

二是打造引人入胜的开头。除了标题，内容的开头也是吸引读者注意力的关键部分。开头不仅要清晰地交代内容的主题，还要有足够的吸引力，让读者产生继续阅读的兴趣。如果开头平淡无奇，那么读者很可能会失去耐心，转而去看其他内容。在实际的创作过程中，内容创作者可以尝试通过提出一个令人深思的问题、讲述一段奇特的经历、引用有趣的数据或事实以及使用名人名言等方式，来打造一个引人入胜的开头。举例来说，如果你在写一篇关于工作效率的文章，那么，你的文章的开头可以是这样的："你知道吗？研究表明，普通人每天浪费了超过 30% 的工作时间在无效任务上。那么，如何才能有效提高工作效率呢？"

三是避免使用复杂词汇和长句。简洁明了的表达不仅能让读者更容易理解你的观点，还能提升读者的阅读体验。过于复杂的词汇或冗长的句子容易让读者产生困惑，可能无法准确有效地理解你想表达的核心意思。因此，在内容创作过程中，内容创作者要尽量使用短句和常见词汇，避免使用过多的形容词或修饰语。如果一段话读起来比较绕口或含糊不清，那么你就应该重新组织语言，使之更简明易懂。

四是适当加入个人化体验，与读者建立情感连接。虽然很多内容是为了传递信息或提供解决方案，但是注入一些个人化的体验或情感会让内容更加真实可信。每个人的成长环境、人生阅历都不一样，内容创作者可以在合适的地方，加入一些个人的故事或感受，通过分享自己的故事、经历或感悟，让读者产生情感共鸣，进而提升内容的感染力。比如，当你在讨论某个话题时，可以结合自己的亲身经历说明其重要性。这不仅能让内容更加生动，也能使读者感到你在与他们进行真实的对话。

五是适当加入图表，图文并茂。视觉化内容是提升内容吸引力和可读性的重要手段。图表不仅能够增加美感，还可以帮助读者更好地理解复杂的信息。尤其是在篇幅较长的内容中，适当插入一些图表可以有效缓解读者的阅读疲劳。当然，值得注意的是，在实际的创作过程中，内容创作者需要确保图表与文字内容相互协调，使图表成为文字内容的补充而非干扰，避免过度依赖图表。

六是分段清晰，合理使用小标题。长篇大论容易让读者感到疲倦，合理的分段和使用小标题既可以更有条理地呈现内容，使内容更加清晰易读，也可以突出重点信息，帮助读者更快地抓住要点。

总的来说，写作是一个不断精进的过程，以上这些技巧只是其中的一部分。每个内容创作者都有自己的风格，但无论哪种风格，这些实用有效的写作技巧都能帮助你提升内容的质量与可读性。通过持续练习与改进，你不仅可以更好地表达自己的观点，还能赢得更多读者的关注与认可。

11　如何应对创作瓶颈

无论是刚入行的新手还是经验丰富的老手，几乎每个人都会遇到创作瓶颈。面对创作瓶颈，许多人会产生挫败感，甚至怀疑自己是否具有继续创作的能力。对此，我想说的是，遇到创作瓶颈并不可怕，我们完全可以通过合适的方法和策略来有效应对创作瓶颈，重新找回创作的激情与动力。

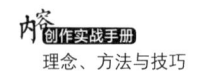

（一）理性看待创作瓶颈

在遇到创作瓶颈时，首先要理性地看待它。内容创作是一个漫长的过程，每个内容创作者都会有灵感枯竭的时候。换句话说，创作瓶颈的出现，往往并不代表你是失败的或不具备创作能力，而是在提醒你需要进行一定的调整。因此，你可以将创作瓶颈视为帮助你成长的关键因素而非障碍，在心态上保持平和，不让焦虑情绪影响到你的创作节奏和创作进度。

（二）设定合理的目标

为什么会出现创作瓶颈？原因多种多样。其中一个常见的原因是内容创作者的期望值过高，给自己设定了不切实际的目标。为了避免这种情况，你可以尝试给自己设定一些短期可实现的小目标。例如，你可以给自己规定每天写作1000字，而不是要求完成整章甚至整本书。通过达成这些小目标，你会逐渐建立起对内容创作的信心，从而摆脱创作瓶颈给你带来的负面情绪。

（三）给自己适当的休息时间

内容创作者常常会陷入长期坐在书桌前，试图硬逼自己产出内容的困境。然而，灵感并不是当我们绞尽脑汁时就会出现的。人的大脑需要不断接触新鲜事物，以激发创意和灵感。在遇到创作瓶颈时，暂停写作，走出家门，接触自然或者进行一些能够让你放松下来的娱乐活动，可能会给你带来意想不到的好处。此外，旅行也是一种非常有效的激发灵感的方式。换一个完全不同的环境、体验不一样的文化，往往能让你打开思路，收获灵感。在现实生活中，许多作家都是在旅途中获得了大量的灵感和写作素材，从而突破了创作瓶颈。

（四）阅读与学习

作为内容创作者，我们常常通过阅读他人的作品来获取知识、灵感和技巧。当你遇到创作瓶颈时，你

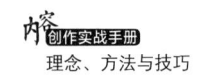

可以阅读那些与你创作主题相关的书籍,尤其是经典作品。阅读经典作品不仅能让你暂时忘却烦恼,还能让你学到他人的创作技巧,找到解决问题的答案。

除了阅读,内容创作者也可以通过学习来充实自己。学习新知识、新技能往往会给我们带来意想不到的启发。假设你正在写一篇科幻小说,那么你可以尝试了解一些与前沿科技有关的研究成果,又或者,如果你正在撰写一篇关于心理学的文章,那么你可以去观看一些相关的纪录片或参加一些讲座。通过接触新的领域,学习新的知识,你不仅能获得大量的新素材,还能在创作过程中找到新的灵感来源,帮助你跳出固有的思维模式。

(五)与他人交流,寻求支持

虽然内容创作是一项非常个人化的工作,但这并不意味着你必须孤军奋战,独自面对所有的困难。与他人进行交流,往往能为我们提供新的思路和启发。例如,你既可以加入写作社群,也可以参加写作工作坊,还可以与朋友分享你的困惑。通过交流，其他人的经验和建议可能会帮助你打开思路，发现问题，并找到相应的解决办法。

12　重视团队的力量

2013年,我在家全职写作。有一天,小军在QQ上问我:"开云,对褚时健这个人物感兴趣吗?我们要不要给褚老写本传记?"面对小军的提议,我犯了难:选题是个好选题,但想要采访褚老并不是一件容易的事。我之所以会这么想,是因为我在搜集资料的过程中,发现褚老曾经婉拒过众多拜访者。

后来,小军在QQ上又问了我三四次同样的问题。

在小军的再三提议下，我决定跑一趟云南。但同时，我也很清醒地告诉自己：我只负责跑一趟，至于结果如何，那就不是我所能掌控的了。

小军给我提供了一条线索：褚老每周都要去一趟果园。这意味着，对于我来说，我能见到褚老的唯一方法，就是去褚老的果园蹲守。

果园的位置很好找，媒体都有公开报道，在云南省玉溪市新平彝族傣族自治县戛洒镇的一座山上。我到了戛洒镇，叫了一辆摩托车，摩托车司机直接带我去了果园。

果园里有一排房屋，是果园管理者们日常生活和办公的地方。我敲门进去，向一位当地人说明了来意，那位当地人告诉我：褚老刚走，回玉溪了，你到玉溪去找他吧。

就这样，我又马不停蹄地赶到玉溪。虽然当时我并没有褚老的详细住址，但好在玉溪不大，再加上褚老在当地有很高的名望，最后，出租车司机直接将我带到了褚老居住的小区门口。

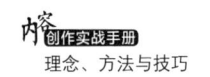

小区里都是一栋一栋的洋房，我不知道具体哪一户是褚老的。正当我发愁的时候，我忽然发现有一户人家的屋檐下，摆放着好几箱水果，箱子上印着褚橙的商标，一个十多岁的少年正往屋里搬运水果。我心想：这不就是褚老的褚橙吗？这会不会就是褚老的家？

我上前向那个少年询问后得知，这正是褚老的家，我托少年带个口信给褚老，就说门口有人想拜访。少年搬完水果进门之后，门迟迟没有打开。我在门口等了十多分钟，终于忍不住按响了门铃。

开门的是一位老太太，精神矍铄，问我找谁，我向她说明了来意。

老太太问："你都写过哪些书？"幸好我早有准备，把随身带着的几本书递给了她。

老太太留下了我的书，说道："我会把你的书给他看，要是他对你的书满意的话，他就会见你。这样吧，你明天早上再来一趟。"

我喜出望外，告别了老太太。

后来我才知道，这位老太太正是褚老的夫人——

马静芬女士。

那天晚上，我一夜辗转难眠。第二天早上，天还没亮，我就蹲守在褚老的家门口。大约六点钟的时候，天刚蒙蒙亮，门开了，一位身材高大的老人走了出来。我定睛一看，这位老人正是我想要找的人——褚老。

我迎上前去，向褚老问好，还没等我说完，他说："我知道你……这样，你在这等我一会儿，我去散散步就回来。"我依言在原地等候。等褚老散完步回到门口时，他的额头已有汗珠渗出，说话也有点气喘吁吁："走……进屋聊吧……"

我至今仍然清晰地记得，在那个天刚蒙蒙亮的清晨，和褚老的畅聊不仅奠定了我们和褚老合作的基础，同时也使我真切地体会到了尝试与行动的重要性。

褚老这个选题是小军策划并介绍给我的，我在其中扮演了一个执行人的角色。在书稿的创作过程中，小军也给了我很多非常有价值的建议和帮助。有一天，小军突然告诉我，他的一个出版社的朋友看中了这个选题，在看了我写的样章后，决定签约出版，并且给到的版税比我当时已经出版的作品中的任何一部都要高。

对于这个好消息，我既兴奋，又感到有些意外。事实证明，小军的选题策划能力和销售谈判能力都是非常强大的，而当时的我并不具备这些能力。

回头来看，给褚老写传记这件事给了我诸多的启发和成长。第一，我意识到了合作的重要性和团队的力量，个人的能力始终有限，合作才能做大。第二，有些事不是看明白了才去做，而是去做了才能看明白。面对同一件事情，在动手做之前可能困难重重，但在动手做之后，这些困难可能就不复存在了。你只需要瞄准你的目标，翻你的山，填你的坑，努力过好当下，直到未来明朗。

第二部分

以写作为生：
内容变现的那些事儿

内容创作是一项富有创意和想象力的智力劳动。将有价值的内容变现，是对内容创作这一智力劳动价值的认可。随着互联网的普及与发展，内容创作者有了越来越多的内容变现途径和方式。从传统出版到新兴的在线平台，内容创作者可以通过多种方式将创作成果转化为经济收益。在我看来，内容变现既不像有些人说的那么容易，也不像另一些人说的那么难，正如"小马过河"这个寓言故事所告诉我们的那样，水深水浅只有亲身下水试一试才知道。在这部分内容中，我将结合自己的经历和经验，分享一些内容创作者可以利用的内容变现途径、方式以及注意事项，希望能够给你带来一些启发。

01 投稿变现：内容创作者的首选方式

在探索内容变现的道路上，投稿变现无疑是许多内容创作者的首选方式。它不仅能够帮助内容创作者提升创作能力、扩大影响力，还能让内容创作者获得不菲的经济收益。

以我为例，撰写纪实特稿并投稿给报纸、杂志以获取收入，是我早期靠内容创作维持生计的一条重要途径。2002年前后，刚刚大学毕业的我，需要支付房租、养活自己，还得替家里还债。面对种种现实压力，我不得不放下纯文学创作的理想，转而寻找一条可以赚钱的路。当时，那些刊登纪实特稿的报纸、杂志，因为故事的真实性和内容的深度而受到读者的青睐，所以给内容创作者的稿费也相对较高。于是，权衡再三，我开始了一段靠撰写纪实特稿并投稿给报纸、杂志以获取收入的生活。

为了节约开支，我和好友小军合租了一间地下室。地下室的采光不佳，哪怕是大白天也要开灯照明，同时因为空气不流通，潮湿的环境让人非常难受。就是在这样的环境中，我和小军两个人轮流使用一台破旧的二手电脑，互相协调作息。我白天写作，他就白天睡觉；我晚上写作，他就晚上睡觉。拮据的生活促使我们每天更加努力地通过各种渠道寻找有价值的新闻线索，筛选出那些能深入挖掘的故事。幸运的是，凭借当时在媒体任职的天然优势，我们能够接触到一些独特的资源和机会。每当我们找到一条合适的新闻线索时，便会通过电话联系新闻中的相关人物，然后进行深入采访。在采访结束后，我们会基于采访内容，加班加点地创作内容，然后给那些能够提供较多稿费的报纸或杂志投稿。

犹记得，当时《知音》杂志、《家庭》杂志和《华西都市报》的特稿栏目给的稿费是比较高的，每千字能支付高达千元的稿费。其他稍微低一点的，稿费则为每千字六百元到八百元不等。通过不懈的努力，我和小军在不同的刊物上发表了不少文章，所带来的收入让我们为之欣喜，大大减轻了我们的经济压力。那时候，我们的房租是每月五百元，而一篇特稿的稿费可以高达七八千元，这样的收入足以维持我们的基本生活，甚至让我有余钱去偿还家里的债务。

撰写纪实特稿的难点在于找到那些尚未被广泛报道，但有深挖价值的新闻线索。这需要我们保持敏锐的嗅觉，特别是在筛选新闻线索时，不能只看表面，而要想方设法挖掘出新闻背后的故事。通常，一个普通的新闻事件背后隐藏着丰富的细节，等待着内容创作者去挖掘和呈现。而这些细节正是打动读者、吸引报纸和杂志的关键。

  此外，深入采访也是非常重要的一个环节。纪实特稿要求内容创作者不仅要陈述事实，还要将采访对象的感受、情绪和故事生动地呈现出来。这就要求我们在采访时能够真正走进受访者的内心，获得那些普通采访难以得到的信息。一次，我和小军得知重庆市武隆县[①]发生了一件值得报道的新闻事件，于是我们决定前往武隆县进行深入采访。由于资金紧张，我们只带了458元现金。然而，在采访过程中，为了请采访对象吃饭，我们花掉了接近400元，剩下的钱根本不足以购买回重庆市区的车票。我们俩无奈地走在武隆县的白马乌江大桥上，十分落魄。最后，我们只能把各自银行卡里为数不多的钱取出来，拼凑到一起，才买到了回重庆市区的车票。这种窘迫的经历并不少见，但每一次的辛苦都为之后的成功打下了基础。

  为了能够持续创作出有市场价值的作品，我不断提高自己的选题策划能力和内容创作能力，学习更多

---

① 我们去采访的时间是在2016年前。2016年，国务院正式签发《国务院关于同意重庆市调整部分行政区划的批复》，撤销武隆县，设立武隆区。

的内容创作技巧。我发现，纪实特稿的核心在于"真实"与"深度"，读者之所以愿意付费阅读，是因为他们想要从这些内容中感受到震撼或获得新的认知。不同于纯文学创作，纪实特稿更注重内容的真实性和故事性。它不仅要求内容创作者有强大的洞察力，还需要内容创作者有细腻的笔触。

  经过近一年时间的摸索和实践，我和小军在纪实特稿这个领域取得了一些成绩。许多知名的报纸、杂志都刊登过我们的稿件，这不仅给我们带来了丰厚的稿费，也让我们有了更多的自信。我们从最初为房租发愁的青年，逐渐成了纪实特稿领域的老手。2022年6月，小军来重庆出差。我特地开车带他绕道去了我们当年合租的那间地下室。我怀着复杂的心情敲了敲门，门开了，出来一个年轻小伙子。他满脸疑惑地看着我们，警惕地问我们找谁。我告诉他，我们20年前曾经在这里住过，今天想过来看看。年轻人得知我们的来意，还特地给我们拍了一张合影。那一刻，我们感慨万分。当年那间狭小的地下室，见证了我们初入社会时的艰苦奋斗，也见证了我们通过内容创作改变生活的历程。

如果你有志于通过给报纸、杂志投稿以获取收入，那么我结合自己的经历以及几位同行的经验，有以下几点建议，供你参考。

一是了解目标刊物的定位和风格，这是投稿成功的基础。不同的刊物有不同的读者群体和内容风格，而这些是编辑在决定是否录用稿件时的重要考量因素。因此，在决定给某个目标刊物投稿前，你可以通过阅读目标刊物的往期内容来深入了解目标刊物的定位，例如，目标刊物是适合普通大众的休闲读物，还是针对某一特定领域的专业刊物？其主要内容是严肃的时事评论，还是休闲娱乐类的内容？等等，了解这些信息，可以让你在创作内容和投稿的过程中更有针对性，从而有效提升投稿的成功率。

二是查看目标刊物的投稿指南。很多刊物都会在其官方网站或者出版物的投稿页面列出具体的投稿要求，包括字数限制、排版格式、引用格式以及内容的主题方向等。有些刊物甚至会对稿件的提交方式有具体要求。因此，内容创作者务必仔细阅读并严格遵守这些要求。在这方面的疏忽，可能会让你的稿件在被编辑仔细阅读前就被退稿，这对于内容创作者来说，无疑是巨大的遗憾。

三是撰写一封有礼貌且简洁明了的投稿信。投稿信的作用不仅是让编辑更好地了解稿件的内容与亮点，同时也能展现你的专业态度。投稿信应当包括你的自我介绍、稿件的主题与亮点，并附上稿件内容。在投稿信中，你不必过多自夸，但要确保传达出你对刊物的了解和对内容创作的认真态度。编辑每天要处理大量的稿件，一封清晰简明、语气得当的投稿信可以让他们快速了解你的稿件亮点，并愿意花时间去认真阅读你的内容。

四是与编辑保持良好沟通。编辑是内容创作者与读者之间的桥梁，他们的建议和反馈往往会让稿件变得更加完美。当你收到编辑的修改建议时，无论这些修改建议是否与你的初衷相符，你都要以开放的态度去对待。毕竟，编辑比我们更了解读者需求和刊物风格，他们的意见常常能帮助我们更好地调整和完善内容。比如，有一次，我给一本杂志撰写了一篇纪实文章，编辑给了我详细的修改意见，涉及内容标题、文章结构以及细节描写。虽然刚开始我对这些修改感到不太适应，但最终这篇文章得到了更多读者的喜爱，这让我意识到，尊重并善于接受编辑的建议是内容创作者应具备的一项重要品质。

五是积累人脉。这是非常容易被内容创作者所忽视的。在长期的投稿过程中，你会逐渐认识一些编辑和同行，与他们保持良好的互动可以为你创造更多的机会。比如，当你与编辑建立了信任关系后，他们可能会更愿意为你提供一些选题方面的信息和建议，甚至直接邀请你参与某些专刊的撰稿工作。这种人际网络的建立不仅限于编辑，其他的内容创作者也是你职业道路上的宝贵资源。互相学习、交流经验，可以让你在内容创作的过程中获得更多的启发。

总的来说，给报纸、杂志投稿是需要耐心和技巧的。

此外，作为内容创作者，我们还需要具备强大的心理承受能力，能够面对退稿的挫折，并以积极的态度继续创作。保持对内容创作的热情，勤于总结经验，我相信，在不远的将来，你会获得更多的成功机会。

02　参加写作比赛：通过创意与写作实力获得奖励

对于内容创作者来说，写作比赛的魅力在于其为内容创作者提供了一个公平竞技的平台，通过参加写作比赛，内容创作者既能展示才华，又有机会获得收入。不论你是新人还是资深写手，只要你具备创意与写作实力，就有机会获得奖项和奖金。

2004年年底，我注意到了新浪举办的原创文学大赛。那时候，新浪正在大力推广原创文学作品。比赛分为多个赛区，参赛作品种类繁多。在浏览了网站上的推荐作品后，我觉得我也可以写出同样精彩的故事。于是，我决定报名参加比赛。

还记得我当时参赛的作品名字是《我的矿工兄弟》，这是一部半真实半虚构的作品。故事主人公的原型是我的二弟，我的二弟没什么文化，小学都没毕业，辍学后便一直在家务农，减轻父母的负担。当打工潮涌入故乡那个贫瘠、闭塞的小山村时，他固执地去了广州打工。一没文化二没技术的他，在广州遭遇了许多挫折，最终不得不回到家乡。为了生计，他去煤矿，成了一名矿工。我的创作思路就是以二弟的生活经历为基础，加入一些虚构的情节，从而形成一部半真实半虚构的作品。

我的作品《我的矿工兄弟》最终止步于32强，获得了3000元奖金。对于当时的我来说，这笔奖金无疑是对我努力的最好回报。此外，我的作品还得到了传统纸媒的青睐，《扬州晚报》《大庆晚报》以连载的形式刊登了我的这部作品。连续两个月的连载不仅让我的作品得到了更多的曝光，同时也让我获得了额外的稿费收入。

通过这次参赛经历，我亲身体会到了参加写作比赛所带来的多重好处。首先，比赛提供了一个平台，让内容创作者的作品能够被更多的人看到。尤其是那些大型网络平台或知名杂志举办的写作比赛，不仅有丰厚的奖金，还有可能让内容创作者的作品登上更大的舞台。其次，写作比赛通常有一定的规则和要求，这些规则和要求能够帮助内容创作者养成自律的习惯。在比赛期间，内容创作者会感受到时间的紧迫性，从而逼迫自己努力完成原本看来非常艰巨的任务。最后，比赛可以帮助内容创作者突破自身的局限，提高内容创作者的写作能力和创作水平。

当然，参加写作比赛并非每次都能如愿以偿，换句话说，你可能会经历失败或挫折。然而，在我看来，无论是成功还是失败，这些经历都是宝贵的。对于内容创作者来说，每一次参赛都是一次学习的机会，即使没有达到预期的目标，但你从中得到的经验和教训往往是无价的,它们能让你不断提高自己的写作能力,不断成长。

如果你有志于参加写作比赛,那么我结合自己的经历,有以下几点建议,供你参考。

首先,寻找适合自己的比赛。如今,各类写作比赛层出不穷,从国际性的文学大奖到地方级的小型比赛,选择适合自己的写作比赛至关重要。在我看来,内容创作者在选择写作比赛时需要考虑以下几个方面的因素。一是比赛类型。不同的比赛会针对不同的体裁(例如小说、诗歌、散文等)或特定主题(例如科幻、历史、爱情等)进行评选。选择自己擅长或感兴趣的比赛,能够提高成功的概率。二是比赛规模。大型比赛虽然竞争激烈,但是奖金丰厚,并且能为获奖作品和获奖者带来极大的曝光;而小型比赛虽然奖金较少,但参赛者获奖的概率相对较大,对于新手来说更具吸引力。三是参赛要求。不同的比赛对字数、风格、主题、格式等都有不同的规定,你需要了解每个比赛的具体要求,并严格按照要求提交作品。四是参赛费用。

虽然许多写作比赛是免费的，但是某些比赛可能会要求参赛者支付报名费用，并且部分比赛的报名费用可能不菲。因此，在决定参赛之前，你需要仔细权衡报名费用与潜在回报。五是奖金和奖励。除了奖金，某些比赛还会提供出版机会或推广资源，因此，内容创作者在决定是否参赛时，也可以将这些因素纳入考量范围。

其次，为比赛做好充分的准备。参加写作比赛并非提交一部作品那么简单。你需要进行充分的准备，才能提高获胜的概率。以下是一些为比赛做好准备的实用建议。一是阅读并理解比赛规则。写作比赛通常会事先发布比赛规则，对作品主题、内容字数、提交格式等提出相应的要求，而违反比赛规则有可能会导致作品被取消参赛资格。因此，认真阅读比赛规则是参赛的第一步，也是最重要的一步。二是研究往届获奖作品。大多数写作比赛会公开往届获奖作品的名单和内容。通过研究往届获奖作品，你可以了解评委的口味和偏好，进而有针对性地调整自己的写作风格。

三是打磨你的作品。大多数写作比赛往往对作品字数有较为严格的限制，因此，精简表达尤为重要，即参赛者在完成作品初稿后，需要对作品进行多次修改与打磨，让文字更精练、表达更有力。四是邀请他人提供反馈意见。在你认为你的作品已经达到比赛要求时，最好请其他内容创作者或编辑阅读你的参赛作品，为你提供反馈意见。他人的反馈可以帮助你发现自己可能忽略的问题，并针对这些问题进行相应的修改与完善，以提高参赛作品的质量。五是保持内容的原创性和独特性。一场写作比赛通常会收到大量的参赛作品，如果你想要让你的作品在众多的参赛作品中脱颖而出，那么你需要让你的作品具备鲜明的原创性和独特性。无论是内容主题还是叙事手法，你需要尽量寻找一个与众不同的视角来打动比赛评委。六是合理安排时间。在比赛时间方面，很多写作比赛的规定都是非常严格的。因此，你一定要提前规划好时间，确保在截止日期前有充足的时间进行创作和修改。

最后，坚持并保持热情。写作是一项需要长期坚

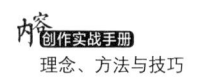

持的工作，比赛只是其中的一部分。每一次参赛经历，无论结果如何，都能让你积累宝贵的写作经验。只要你保持对写作的热爱和追求，不断挑战自己，通过写作比赛提升自己的写作能力并获取物质回报并非难事。

03　出版图书：如何创作并出版一本图书

不论你是新晋作家还是已经在行业中打拼多年的老手，出版图书都是展示才华、传播思想并获得物质回报的绝佳方式。然而，出版图书远比简单的内容创作更为复杂，从构思到写作，再到最终的出版，整个过程充满了意想不到的挑战和机遇。

2005年下半年，新浪原创文学大赛又拉开了帷幕。我清楚地记得，在浏览比赛的推荐作品时，我发现一部军事小说的阅读量高得惊人,这让作为军事爱好者的我心生羡慕,同时产生了一个想法:为什么我不可以写呢?其实,很多时候就是这样,一个灵光一现的念头,成了推动我们迈出写作第一步的动力。

在动笔前,我思索着自己究竟该写什么。题材的选择至关重要,决定了作品未来能否被出版方认可。结合我自己的兴趣,以及当时的军事小说风潮,经过一番思索,我决定以中国远征军抗战为历史背景,虚构一个小人物潘黄河作为主人公,以他的经历来呈现大时代的波澜壮阔。主人公潘黄河象征着战争中的普通士兵——他们或许没有惊天动地的事迹,但他们坚韧不拔的精神值得我们每一个人学习。

在确定了故事的整体框架后,我便开始了具体内容的创作。当时,编辑给我设定了每天更新6000字的目标,并承诺如果能持续一周,就会在首页推荐我的作品。对于当时的我来说,这既是一个诱人的机会,也是一个巨大的挑战。尽管心里有些犹豫,但我最终还是答应了下来。那段时间,我每天都保持高度的专注,避免任何干扰,把所有的精力都集中在内容创作上。最终,我完成了每天更新 6000 字的目标,新浪文学首页推荐了我的作品,这让我迅速积累了一批忠实读者。

随着人气的上升,我的作品吸引了出版方的注意。当时,我一度收到过超过 10 个来自出版社或文化公司的出版邀约。我在媒体工作过,对图书出版流程以及出版领域的一些术语,例如首印、版税、码洋、加印等有一定的了解,这让我在与出版方沟通时更加游刃有余。最终,我选择与一家文化公司签了图书出版合同。然而,出版之路并不总是一帆风顺的。就在我满怀期待地等待作品出版时,这家文化公司突然提出了解约。这个消息让我措手不及。事后来看,这种不确定性其实是出版行业的常态,很多内容创作者都有过类似的经历。面对这种情况,内容创作者的心态调整能力显得尤为重要。

在接下来的两个多月里,有多家出版社前来洽谈版权事宜。经过多次商讨,我与另一家出版社达成了新的图书出版协议。半年后,我的第一部小说《战狼突击》终于得以出版。

至今我仍清楚地记得，编辑周永鑫在图书正式印刷前，将封面设计的高清图发给了我。我盯着电脑屏幕上的封面图看了整整一夜，激动不已。这种激动的心情一直延续到样书寄到的那一刻。为了尽快拿到出版社寄过来的样书，我当时直接跑到货运市场去取书。当我拿着样书走在路上，我恨不得告诉路上遇到的每一个人："看，这是我写的书！"

后来，随着出书的次数逐渐增多，这种激动的心情逐渐被理智所取代，我开始明白，图书出版不只是一本书问世的过程，更是内容创作者持续学习、成长、调整的过程。此外，我逐渐意识到，出版一本书的价值不在于炫耀，而在于找到真正的读者。

如果你有志于出版图书，我有以下几点建议，供你参考。

第一，选择合适的图书类型。图书类型非常丰富，不同的类型有不同的读者群体和市场表现。因此，在开始创作之前，你需要了解相应的市场趋势与读者需求，确定自己最擅长和最感兴趣的领域。这里，我简单介绍几种常见的图书类型。一是小说类。小说通常是许多内容创作者首先考虑的类型，尤其是那些对叙事和创造虚构世界有兴趣的内容创作者。二是非虚构类。与小说不同，非虚构类图书的内容必须基于事实，通常要求内容创作者具有某种专业知识或个人经验。这类图书往往针对特定的读者群体，内容的权威性、实用性和真实性是吸引读者的关键。例如，商业图书的目标读者通常是企业家、职场人士，因此内容创作者需要给读者提供具体的解决方案或成功经验。三是自助与励志类。这类图书在市场上一直都有较大的需求，尤其是对于那些希望通过阅读来改善生活、提升自我或解决问题的读者而言，更是如此。自助与励志类图书通常会提供实用的技巧和建议，能够帮助读者应对心理健康、情感关系、职业发展等方面的挑战。在创作这类作品时，内容创作者既需要有较强的洞察力，同时也需要能够与读者建立情感联系。四是工具书，包括教程、指南等，这类图书专注于为读者提供具体的技能或知识。无论是语言学习、编程、绘画、烹饪，还是某个特定领域的专业图书，这类图书往往具备非常强的逻辑性和实用性，使读者能够通过书中的内容迅速学习或掌握某项技能。如果你在某一领域拥有丰富的经验或技能，那么编写一本工具书可能是个不错的选择。

第二，找到合适的选题，注重书稿内容的原创性。在信息高度发达的现代社会，读者对观点新颖、视角独特的内容更加青睐。编辑也不例外，他们更希望看到富有创造力、能引发思考或者激发情感的内容。因此，内容创作者在创作时应尽量避免陈词滥调，力求从新的角度探讨问题，给读者提供不一样的视角。在这个方面，我曾经犯过错误。有一次，我忽然有了一个想法：将古龙书中那些具有哲理的话语全部摘录下来，编成一本书，书名就叫《古龙武侠哲理》。当时的我天真地认为凭借古龙的名人效应，我编写的这本《古龙武侠哲理》肯定会有出版社愿意签约出版。就凭借这个现在看来非常天真的想法，我争分夺秒，一本接着一本地阅读古龙的作品，发现具有哲理的语句，就用铅笔勾画出来，然后每读完一本，就用电脑将那些勾画出来的句子输入到 Word 文档里。不到两个月的时间，一部 6 万字左右的《古龙武侠哲理》就全部完稿了。然而，经过了一番投稿，我才发现我犯了一个致命的错误：侵权。当时，北京某出版社的一位编辑告诉我，虽然将古龙武侠作品中带有哲理性的语句摘录出来形成作品这一创意不错，但归根结底，这些语句都来自古龙的作品，无论是改编还是演绎，著作权都归原作者所有，因此不能出版。

第三，制订写作计划，创作优质内容。写书是一个长期的过程，通常需要数月甚至数年的时间。制订写作计划有助于你持续创作。你可以设定每日或每周的写作目标，明确完成初稿的时间，并为后续的修改与编辑预留时间。此外，书稿质量的好坏会直接影响书稿最终能否顺利出版。无论是哪种类型的作品，内容创作者都需要在创作阶段不断修改、打磨内容，以确保最终的作品达到出版的水平。

第四，寻找合适的出版社。不同的出版社有不同的出版方向和擅长的领域。例如，一些出版社擅长出版文学类作品，而另一些出版社则可能更侧重于出版工具书、商业图书或科普书。因此，了解出版社的市场定位和出版方向，可以帮助你更有效地选择合适的出版社。此外，在向出版社投稿时，内容创作者应准备一份内容完整、表述清晰的书稿资料，包括书稿的核心主题、目标读者、市场潜力分析以及内容创作者的个人简介等。一份内容完整、表述清晰的书稿资料不仅能帮助编辑理解书稿的价值，还能提升你的书稿被接受的概率。

第五，与编辑沟通。编辑在出版过程中扮演着至关重要的角色，他们不仅能帮助你提升书稿的质量，还会给你提供市场反馈，帮助你的图书在市场上获得更好的表现。对于内容创作者来说，与编辑的合作也是出版过程中不可忽视的一部分。编辑可能会对你的书稿提出修改建议，这些建议有时可能与你的初衷并不完全一致。此时，你需要保持开放的心态，相信编辑的专业判断。当然，这并不意味着你要放弃自己的创作风格，而是通过与编辑的合作，使书稿更具市场价值。图书出版是一个需要各方配合的过程，及时与编辑沟通你的想法、书稿的修改进度以及对图书销售的期望，可以让你的图书出版过程更加顺畅，同时也能确保图书最终的呈现效果符合你的预期。

第六，宣传与推广。一本书出版后，如何将其推向市场、吸引读者的关注，对于图书能否取得市场层面的成功具有非常重要的影响。如今的出版市场竞争激烈，单靠出版社的宣传资源可能不足以让一部作品脱颖而出，因此内容创作者也需要积极宣传推广自己的作品。具体有以下几种方式。一是利用社交媒体。社交媒体是图书宣传推广的重要工具。内容创作者可以通过包括微博、微信公众号、小红书等在内的各种平台与潜在读者互动，宣传自己的作品。二是参加线下活动。线下的读书会、书展、签售会等也是推广图书的重要渠道。你不仅可以直接面对读者，获得反馈，还能通过媒体报道扩大图书的影响力。三是与媒体合作，让更多人了解你的作品，从而增加销售和传播的机会。具体来说，撰写书评、接受媒体专访等，这些都是提升图书知名度和影响力的好方法。

04 版权变现：通过出售影视改编权获取收益

很多人认为内容创作者的收入来源仅仅是稿费或是平台的广告收入。实际上，作品的改编权也是内容创作者潜在的收入来源。尤其是在网络文学崛起的今天，许多小说被改编成电视剧、电影以及网剧后，取得了非常亮眼的商业成绩。从这个角度来看，成功出售文字作品的影视改编权，是很多内容创作者的心愿。原因在于，对于内容创作者来说，影视改编权的成功出售不仅意味着自己的文字作品有被改编成影视作品在荧屏上播放的可能性，还意味着自己能获得一笔不菲的收入。

在这个大背景下，对于内容创作者，特别是文学作品的内容创作者来说，出售影视改编权可以说是作品商业化的一个重要方向。相较于稿费和通过图书销售所获得的版税，出售影视改编权带来的收入往往更为可观。2011年，我的网络小说《岳母驾到》还没有写完，一家影视公司就对这部小说的影视改编权表现出了极大的兴趣，爽快地支付了一半的定金。当时，我用这笔定金支付了一套小户型房子的首付款。

那么，如何才能够成功出售作品的影视改编权？这是许多内容创作者关心的问题。接下来，我想从个人经验出发，谈谈通过出售影视改编权获取收入的具体过程，以及一些实用的建议。

第一，选择有市场潜力的题材。要成功出售作品的影视改编权，首先要了解市场的需求，选择有市场潜力的题材。这和内容创作本身并不冲突，而是相辅相成的。当你开始创作时，可以适当关注当前影视市场的流行趋势，看看哪些题材受到关注。例如，在2010年前后，仙侠剧和家庭情感剧是当时市场的热门题材。我的《岳母驾到》正好契合了当时观众对家庭情感剧、婚恋题材的兴趣，这为影视改编权的成功出售打下了非常重要的基础。因此，内容创作者需要对市场保持敏感，了解当前观众的喜好，当然，这并不意味着完全跟风，但可以帮助你在确定选题时更具商业眼光，创作出能够引起共鸣、具有市场潜力的作品。

第二，优化作品内容。不仅是题材，作品的内容也很重要。一个具有影视改编潜力的作品往往具备几个关键元素：鲜明的人物形象、富有张力的剧情、强烈的情感冲突和故事的可视化场景。如果你的作品具备上述这些元素，那么影视公司更有可能对你的作品产生改编的兴趣。

第三，提高作品曝光度。让作品被更多人看到，也是出售影视改编权的关键。无论是通过网络小说平台积累读者，还是通过社交媒体扩大作品的影响力，提高作品的曝光度都是非常必要的。原因在于，影视公司在购买一部作品的影视改编权时，往往会考虑作品的受欢迎程度和粉丝基础，因此，尽可能扩大作品的受众群体和影响力，将大大增加你成功出售影视改编权的概率。

第四，寻找专业的版权代理机构。出售影视改编权通常需要专业的版权代理机构，这些机构会帮助你与影视公司进行谈判、签约等。与专业的版权代理机构合作，你不仅可以避免很多潜在的法律问题，还可以在与影视公司的谈判与合作过程中获得合理的收益。专业的版权代理机构往往对市场有着更为敏锐的嗅觉，他们知道哪些影视公司有意向购买什么样的版权。当然，如果没有合适的版权代理机构，那么你也可以自己尝试联系影视公司。如今网络平台发达，许多影视公司都会在社交媒体上发布其感兴趣的题材方向，或者主动寻找受欢迎的作品。只要你的作品够优秀、够吸引人，我相信肯定会有人来主动联系你。

小结一下，出售作品的影视改编权，是每一个内

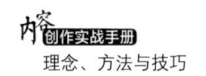

容创作者都可以探索的获得收入的方式。通过选择有市场潜力的题材、优化作品内容、提高作品曝光度、寻找专业的版权代理机构等方式，你不仅能够从中获得丰厚的经济回报，还能让自己的作品以不同形式被更多人看到。对于内容创作者来说，这是一个将创作价值最大化的绝佳途径，也是我们创作之路上的一个重要收获。

05 委托创作：满足客户需求，实现专业写作价值

对于一名内容创作者而言，创作不仅是一种自我表达的方式，还可以成为我们获取收入的一种重要方式。近年来，越来越多的人开始通过接受客户的委托创作任务，获取稳定甚至丰厚的收入。当然，与单纯创作自我表达的内容不同，接受客户委托意味着你在为某个特定需求服务，创作内容不再只是为了自我表达，而是要为客户解决问题。换句话说，内容创作者

接受客户委托进行内容创作，需要掌握一定的技巧，在创作自由与商业之间找到一个平衡点。接下来，我将结合自己的经验，从多个角度探讨内容创作者如何通过接受客户委托，更好地完成内容创作任务并从中获得可观的收益。

（一）了解客户背景，规避风险

对于内容创作者而言，找到合适的合作客户至关重要。一位理想的客户不仅能提供合理的报酬，还能为内容创作者提供更大的创作空间和成长机会。然而，在信息泛滥和需求多样的市场环境下，内容创作者要筛选出适合自己的合作客户并非易事。

2011年，我在家全职写作。一天，在媒体工作时认识的一位前同事知道我一直在写书，就给我推荐了一个业务：某企业家想找一名内容创作者代笔，把他多年的创业感悟写作出版。

这位前同事向我简单介绍了那位企业家的背景：公司总部在北京，当时正在重庆开拓市场，办公室在市中心一栋豪华的 5A 级写字楼里，财力雄厚。

我认为自己不善言谈，单枪匹马去和那位企业家洽谈可能达不到预期效果，于是便邀请好友、华著品牌创始人张小军先生从成都到重庆，一起去和那位企业家洽谈。

那位企业家的办公室是一个大平层，面积约有 800 平方米。站在巨大的落地窗旁向外望去，视野非常开阔，能够看见浩浩荡荡的长江。那位企业家有一张胖胖的圆脸，脖子和手腕上都戴着佛珠，穿了一身据他自己说是在苏州量身定制的布衣，脚穿布鞋，在外在形象上与一般的企业家完全不同。

在整个洽谈过程中，小军说话的声音不大，但句句都能聊到对方最关注的点上。那位企业家说，他经商多年，有很多感悟，想要把这些感悟写出来，但自己的精力和写作能力有限，因此想找专业人士合作。还记得那位企业家姓白，小军当场想了个点子，给尚未出版的书起了个书名——"白说"。企业家听到这个书名，先是一愣，继而哈哈大笑，连连称赞。

双方聊得很愉快，临走之前，小军询问对方的主营业务，对方说做一种保健品；小军又问对方的经营模式，对方说通过不断地发展下线、在网上兑换虚拟积分，再将虚拟积分兑换成实物，而且一再强调他的这种经营模式是全球首创，"绝对精彩"。

听了对方的回答，小军先是若有所思地点了点头，然后很快就找了个机会结束了与对方的聊天。后来，那位企业家追问过几次合作进展，小军主动拒绝了与那位企业家的合作。

不久，我在网上看到那位企业家的企业被查封，既感到有些意外，又对没有与那位企业家合作感到非常庆幸。后来，跟小军聊起那位企业家，小军说他根据对方的描述，觉得对方的企业经营模式不正常，很可能不符合法律规定，存在比较大的法律风险。因此，虽然对方开出的价格很诱人，但最终还是拒绝了。

（二）理解客户需求，评估匹配度

无论你是为一家企业写品牌故事，还是为某位客户代笔写书，理解客户的需求都是非常重要的。很多时候，客户并不是内容创作者，不知道如何用精准的词汇来表达自己的想法。这时，你就需要具备一种"翻译"能力——将客户的想法转化为符合要求的优质内容。

以我个人为例，在接到委托时，我通常会详细询问客户几个关键问题：你们的目标是什么？希望传达哪些信息？目标读者是谁？有没有特别的风格偏好？这些问题常常能够帮助我更好地理解客户的具体需求。此外，有些客户可能不善言辞，无法完整表达自己的意图。此时，你需要主动引导他们，通过提问与交流，挖掘出更多有用的信息。充分的沟通能让你充分了解客户的真实需求，进而评估客户的需求与自己的创作能力和兴趣是否匹配。在客户的需求与你的专业领域或兴趣不符的情况下，如果贸然接受客户的委托，那么在后续的合作过程中可能会产生不少的问题。例如，如果一个客户需要的是金融技术类文章，而内容创作者对这一领域并不熟悉，那么无论对于客户还是内容创作者来说，这样的合作都可能是事倍功半。因此，在正式接受客户委托前，内容创作者可以通过有效的沟通深入了解客户的需求，并结合自己的实际能力做出评估。如果发现需求与自己的兴趣和特长高度匹配，那就是一个理想的合作机会。

（三）把握写作进度，提高写作效率

在接受客户的委托后，如何高效地完成任务成了每个内容创作者都关心的问题。很多初入行的内容创作者容易在时间管理上出现问题，特别是在多任务并行时，可能会因为拖延或时间安排不当而导致交稿延迟，影响客户的满意度。因此，把握写作进度，提高写作效率至关重要。

我的做法是制订一个明确的时间表，即根据工作量和交稿时间，合理安排每一个环节，包括撰写初稿、完善内容、与客户沟通以及提交定稿。这种分步骤的工作安排不仅可以让你有条不紊地完成任务，还能避免在截止日期临近时陷入焦虑的情绪之中。

此外，保持写作专注度也是提高写作效率的关键。

写作是一项需要深度思考和高度专注的工作，因此你需要为自己创造一个不受外界干扰的工作环境。我个人的习惯是将一天分成几个工作时间段，在不同的工作时间段内专注于不同的项目，这样能更有效地完成工作任务。无论是创作一篇短小的文章还是完成一部鸿篇巨制，合理安排时间以及保持写作专注度，能够大大提升你的写作效率。

（四）提升写作质量，赢得长期客户

高质量的内容是吸引和留住客户的关键因素。作为一名内容创作者，你的目标不仅是完成一次性任务，还要通过优质的服务和高质量的作品，赢得客户的信任，与客户建立长期的合作关系。积极寻求客户的反馈是提高内容质量的重要手段。在提交初稿后，不要害怕客户提出修改意见。相反，你应该积极与客户沟通，了解他们对初稿的想法，并根据他们的反馈进行相应的调整。这不仅能提高内容的质量，还能让客户感受到你对他们需求的重视，增强彼此之间的信任。

（五）学会定价，合理评估自己的价值

如何定价是让内容创作者感到头疼的问题之一。价格太低，自己投入的时间和精力得不到合理回报；价格太高，可能会吓跑潜在客户。因此，如何找到一个既让自己满意，又让客户愿意接受的价格是一个值得思考的问题。

我的经验是，根据项目的难度、工作量以及市场价格等多个方面的因素来确定自己的报价。对于一些小型项目，比如简短的文章或文案，通常可以按照字数或者工作量收费。而对于复杂的大型项目，如图书内容创作等，则更适合采用按项目的方式来收费。此外，在定价时，你也需要考虑自己的经验、专业性以及与客户的合作历史。随着你在行业内积累了更多的经验和客户口碑，你的价格也可以逐步提升。

以我所在的书服家团队为例，在我们接触客户的过程中，有不少"急件"或"烂尾件"。对于"急件"或"烂尾件"，我们给出的报价通常会比常规价格高

10%~20%。原因在于，对于"急件"，我们可能需要暂停其他项目，优先投入人力到特定项目中，在人力成本增加的同时，也耽误了其他项目的进度；而对于"烂尾件"，不少客户认为，基本资料已经有了，不需要我们再花时间搜集资料或采访了，只需要在原稿的基础上重新打磨即可，这样的工作任务很简单。但我们的看法恰恰相反：某个项目之所以成为"烂尾件"，很可能是因为这个项目从一开始就走偏了，因此我们往往不会在原稿的基础上修修补补，而是推倒重来，在了解客户的需求和目标后，从定位、立意、结构、文风、选材、设计、视觉等方面重新策划，从而呈现出一个全新的产品。

（六）建立客户关系，拓展业务渠道

很多成功的内容创作者，往往依靠的是一批长期合作的客户，而不是每次都要寻找新的项目。因此，建立和维护客户关系是每一个内容创作者都需要重视的工作。

我的做法是，在项目结束后主动跟进，了解客户对项目成果的评价。这种关心不仅能让客户感受到你的专业和责任心，也能为未来的再次合作奠定基础。此外，保持与客户的定期联系，比如在节假日发送问候邮件，或者在他们有新项目时主动表达合作意愿，这些都是维系和增强客户关系的有效方法。

最后，你还可以通过客户推荐来拓展更多的业务渠道。当你与客户的合作到了一个稳定的阶段时，不妨主动询问他们是否愿意把你推荐给其他有相似需求的朋友或者企业。很多时候，特别是在你已经有了成功案例和一定客户规模的情况下，客户推荐是获取新客户最有效的途径。

06 自媒体创作：打造个人品牌，实现流量变现

在当今的互联网时代，自媒体写作已经成为内容创作者获取收入的有效途径之一。无论是全职作家、兼职创作者，还是自由职业者，借助自媒体平台发表内容、分享见解，不仅能够积累粉丝，还能通过多种方式获取收益。

作为一个在内容创作领域深耕多年的内容创作者，我对国内主流的自媒体写作平台有比较深入的了解。

不同的平台有不同的平台特点、用户群体、内容风格以及商业模式，适合不同类型的内容创作者。接下来，我将结合自身经验，分享一些我个人对微信公众号、简书、知乎、今日头条、小红书、微博等平台的认识，希望对你有所帮助。

一是微信公众号。作为国内较早兴起的自媒体平台之一，微信公众号既是许多内容创作者首选的自媒体平台，也是众多内容创作者分享作品、建立个人品牌、与读者互动的核心阵地。微信公众号支持内容创作者以文字、图片、音频、视频等多种形式传递信息。同时，微信公众号为内容创作者提供了相对完善的后台管理系统，使内容创作者能够结合数据建立用户画像，并调整内容策略。此外，微信公众号的永久可访问性和分享机制，使得内容具有长尾效应，能够持续为内容创作者带来流量。在内容变现方面，微信公众号也为内容创作者提供了多种变现方式。首先，最直接的方式是读者直接通过文章打赏来支持内容创作者。其次，广告变现也是较为常见的一种方式，即内容创作者可以与广告主合作，通过在内容中植入广告的方式来获取广告收入。除了这些，内容创作者还可以通过电商导流、知识付费（如推出付费课程）、线下活动等方式实现内容变现。对于那些有较强专业能力或影响力的内容创作者来说，微信公众号是他们打造个人品牌、获取商业机会的重要渠道。

二是简书。简书是一个强调社区互动的写作平台。简书的内容类型比较广泛，既有生活随笔、文学创作，也有包含科技、设计、商业等在内的专业领域的分享。内容创作者可以通过成为签约作者、付费阅读、广告分成等方式获取收益。相较于微信公众号，简书对短期内想要快速获取读者和收入的内容创作者可能不太友好，但它的互动性强，适合新手获取反馈、积累经验。

三是知乎。知乎起初是一个问答社区，后来逐步发展成为一个内容发布平台。知乎对内容的要求相对较高，通常以逻辑清晰、观点鲜明、专业性强的内容为主。知乎的用户往往喜欢阅读具有知识性、实用性和思辨性的内容，因此特别适合那些在某一领域有专长的内容创作者。如果你能写出高质量、有深度的内容，获得较高的阅读量和点赞数，那么你就能快速积累一批忠实粉丝，并通过问答打赏、付费阅读、付费课程、广告合作等方式获得不错的收益。

四是今日头条。今日头条是一个强调算法推荐的内容分发平台。它的流量优势非常明显，能够迅速将内容推送到大量用户面前。其中，新闻热点、社会观察类文章，以及通俗易懂、可读性强的内容更容易获得平台的推荐。换句话说，今日头条对内容的时效性要求较高，适合那些擅长抓热点、有快速反应能力的内容创作者。内容创作者需要持续创作出符合平台算法的爆款内容，才能通过广告分成、现金激励等方式获得较高的收入。

五是小红书。小红书是一个生活分享平台，虽然以图片和短视频为主，但优质的图文内容同样能够获得用户的关注和认可。由于小红书的用户以年轻女性为主，因此特别适合那些擅长生活分享、时尚、美妆、旅游等领域的内容创作者。在小红书上，内容创作者不仅可以通过用户的点赞和收藏获得更多的曝光，还可以通过品牌合作、推广商品等方式获得可观的收入。

六是微博。作为国内较早的社交平台之一，微博虽然近年来受到了其他平台的冲击，但影响力依然不容小觑。微博以实时性和热点传播为特色，适合那些喜欢追热点、写短篇文章和碎片化内容的内容创作者。微博的用户关注娱乐、社会事件和即时资讯，因此，那些擅长新闻评论、娱乐八卦、时事分析的内容创作者在微博上发表内容，常常可以取得不错的效果。微博的变现方式包括粉丝打赏、广告收入、品牌合作、直播带货等。

总的来说，上述自媒体平台各有特点，适合不同类型的内容创作者。对于内容创作者来说，选择适合自己的平台，长期深耕某一个领域，才能真正发挥出自己的优势，从而获得可观的收入。

07 与他人合作签约时，需要注意哪些事项

    对于一名内容创作者来说，无论你是与出版商、内容平台还是其他个人合作，与他人签约是一个不可避免且非常重要的环节。然而，许多内容创作者在签约时往往会因为缺乏法律意识、经验不足或被对方的条件吸引，而忽略了一些潜在的风险。接下来，我将结合我多年与他人合作签约的经验，分享一些内容创作者在与他人签约时的注意事项。

一是了解对方的背景。在与任何组织或者个人合作前，首先要做的就是了解对方的背景。很多内容创作者在面对合作机会时，因为急于求成或缺乏经验，往往会忽略了这一点。实际上，背景调查能帮助你初步判断对方的可信度。前些年，写作圈流行这样一种骗局：某些文化公司或影视公司，打着"看样章、看目录、收故事"的幌子，专门骗取各类内容创作者的劳动成果。具体来说，这些文化公司或影视公司的要求看起来很简单：不要求你提供原文，只需要你提供一个3000字左右的故事梗概，并留下联系方式就行。当你按对方的要求将自己的内容提供过去后，一般都是石沉大海，即使主动询问对方进展，对方也会以"抱歉，你写的内容不符合要求"为借口来答复你。然而，实际情况却是，那些已经收集了成百上千个故事梗概的骗子，正在逐个阅读，将他们认为有价值的故事梗概留下来，再改头换面、移花接木，形成新的故事梗概，并加以创作，从而形成一个"新"的作品。针对这类骗局，我的建议是：

对于还没有签合同就要求看稿或者看故事梗概的合作，一律拒绝。

二是充分沟通，明确目标。在任何形式的合作中，双方的期望和目标都必须在正式签署合同前得到充分的沟通和确认。对于内容创作者来说，这意味着你必须明确对方希望你提供什么样的内容，包括作品的类型、字数、风格、主题等详细要求。尤其是对于定制化创作项目而言，合作方往往会对作品提出非常具体的要求，因此，在正式签约前，你需要就这些细节问题与对方达成一致意见。

三是明确版权的归属与分配。对于内容创作者来说，版权是最重要的资产。一般来说，版权可以分为两大类：独家版权和非独家版权。独家版权意味着合作方在一定时间内拥有作品的独占使用权，内容创作者不能将同一作品再授权给其他合作方；非独家版权则允许内容创作者将作品同时授权给多个不同的合作方。因此，在签署合同时，内容创作者一定要仔细查看有关版权的条款，确保自己的利益不被侵占。尤其是在合作方要求取得独家版权时，内容创作者必须确保合同中明确规定了对方取得独家版权的期限。这意味着，在对方取得的独家版权到期后，版权应该自动回到内容创作者的手中。

四是确定稿费标准与支付方式。合同必须明确规定稿费的计算方式、支付时间以及支付条件。常见的有按字数、按文章数或按项目付费，还有一些合作会采取稿件成功发表后的提成模式。如果是采取提成模式，那么就要确保合同中写明提成的计算方式和结算周期，以避免出现在稿件成功发表后，提成被长时间拖欠或难以追溯收入来源的情况。此外，合同中还应明确稿费的支付时间，比如稿件提交后支付多少，作品出版后支付多少，等等。

除了以上提到的条款，内容创作者在签约过程中还应确保合同条款清晰易懂，并且符合双方的合作需求。复杂的法律术语可能会让一些内容创作者感到困惑，因此在阅读合同条款时，如果遇到不明白的地方，内容创作者可以咨询专业人士，如律师或合同专家，确保自己充分理解合同中的每一个条款。即便是标准化合同，里面可能也包含了一些对内容创作者不利的格式条款，因此内容创作者一定要保持警惕，仔细阅读合同中的每一个条款，避免因为轻率签字而陷入困境。

08 遇到作品被侵权时应该怎么办

对于内容创作者来说,内容的创作过程往往充满了艰辛。当我们精心创作完成一部作品并将其公之于众时,期待的是获得读者的关注和认可。然而,令人遗憾的是,在现实生活中,侵权行为时有发生。随着互联网的普及和信息的快速传播,文字内容的复制、传播变得更加容易,内容创作者的权益也更容易受到侵犯。例如,作品未经许可被盗用、抄袭甚至篡改,这些侵权行为给内容创作者带来了极大的困扰。而如何应对侵权行为，便成了每一个内容创作者都需要面对的现实问题。

我想起了我的大学好友小江的故事。读大学期间，我的好友小江在一家非常小众的杂志上发表了一篇3000字左右的文章。那篇文章语言朴实、内容深刻，赢得了不少读者的好评。大约过了三个月的时间，他在图书馆里发现了一件让他愤怒至极的事情：广州一家非常有影响力的杂志社剽窃了他的文章，具体来说，广州那家杂志社刊登的一篇文章中有整整三个自然段的内容与小江之前发表的文章一模一样，且没有标注来源。

小江很生气，他立即行动起来，找到了那家杂志社的联系方式，拨打了杂志社的电话。在电话里，小江明确指出了文章中的抄袭部分，并希望对方能给出合理的解释。然而，让他感到失望的是，对方不仅没有道歉，反而振振有词地辩解称，那篇文章是他们的"原创"，至于与小江有关的内容，最多只能算是引用。而且，对方还对小江说，即便是引用，也不需要标注来源。最后，对方还冷嘲热讽地警告小江，不要再"无理取闹"，并用一句"蚍蜉撼大树"来暗示小江无力与他们抗衡。

原本只想要一个道歉的小江，没想到对方竟然如此蛮不讲理。这让他决心通过法律途径来维护自己的权益。一天晚上，我和小江在学校操场散步时，他突然告诉我，他已经向法院递交了诉讼请求，案件已经立案。当时的我对他的决定既感到震惊又充满钦佩。作为一名贫困生，小江的经济条件并不好，我忍不住问他："打官司需要钱，你准备好了吗？还要去广州开庭，应该要花费不少钱。"而小江却不紧不慢地告诉我："相关费用我全都列在我的诉讼请求中了，法院已经受理了案件，现在只等开庭了。"

小江的坚定让我意识到，即便是面对强大的侵权方，作为内容创作者，我们也不能轻易退缩。确实，在现实生活中，很多内容创作者在面对侵权行为时，往往会因为对方的影响力或个人经济条件的限制而选择忍气吞声。但小江的行动告诉我们，通过法律途径维权并非遥不可及。内容创作者有权利保护自己的劳动成果，法律是我们的有力武器。

几天后，我在图书馆再次遇见了小江，问起他案件的进展。他笑着告诉我，当广州那家杂志社意识到他"玩真的"后，态度来了个180度大转变，对方打电话给小江道歉，试图劝说他撤诉。但当时的小江已经铁了心，坚持通过法律手段捍卫自己的权益。最终，小江胜诉，对方赔偿了他所有的经济损失，还额外赔偿了3000元的精神损失费。最重要的是，小江要求那家杂志社必须在他们的刊物上公开向他道歉，而这一要求也得到了法院的支持。

通过小江的经历，我们能够学到一些在面对侵权行为时可以采取的步骤和策略。

第一，识别侵权行为，即内容创作者要了解什么样的行为属于侵权行为。在小江的案例中，虽然广州那家杂志社没有全篇抄袭小江的文章，但是有整段的内容是直接复制的，这就是明显的剽窃。而且，对方没有注明原作者和出处，违反了相关法律对引用作品的基本要求。一般来说，常见的侵权行为主要有三种。一是未经授权的复制和使用。例如，他人未经允许，擅自将你的作品或部分内容用在自己的出版物、网站、视频甚至是商业广告中，这种就属于侵权行为。二是改编和再创作。例如，他人擅自对你的作品进行改编、删减或重写，并以自己的名义发布，这也是一种较为常见的侵权行为。三是未注明出处的引用。法律允许合理引用他人作品，但引用必须在适度范围内，并明确注明作者及来源。如果不注明，就构成了侵权。因此，在遇到疑似剽窃的情况时，内容创作者需要仔细比对对方的作品，看是否存在上述几种侵权行为。

第二，保留证据，这也是维权的关键。当发现侵权行为后，内容创作者应该第一时间保存相关证据，包括作品原稿及发表记录、侵权作品的截图或实物、沟通记录等，为后续的维权行动做好准备。在保留证据方面，有几个小技巧，供你参考。例如，在作品原稿及发表记录方面，无论是发表前的电子稿还是发表后的实体刊物，都要妥善保存，这是证明作品归属的重要证据；在发现侵权行为时，保留实物证据，或者将相关的内容通过拍照、录屏等方式记录下来，确保侵权方无法删除。在与侵权方沟通时，保存往来邮件、短信或电话录音。这些记录可能会在后续的法律诉讼中起到至关重要的作用。

第三，与侵权方沟通。在确认侵权行为后，内容创作者可以尝试与侵权方进行直接沟通，提出解决方案。原因在于，并非所有侵权行为都是侵权者有意为之的，有时他们可能是因为疏忽或缺乏版权意识。此时，合理的沟通可以有效解决问题。我认为，在与侵权方沟通时有三个要点。一是态度礼貌但坚决，表明自己已经发现了侵权行为，希望对方能够重视，并提出合理的解决方案。二是要求侵权方采取补救措施，补救措施可能包括公开道歉、署名更正、支付稿费或赔偿等。三是设定合理的期限，即给对方一个合理的期限来解决问题，并表明如果对方不采取行动，自己将通过法律途径维权。在小江的维权过程中，小江最初也希望通过沟通解决问题，但对方的傲慢和不屑让他意识到简单的对话无法解决问题。面对这种情况，内容创作者应当果断采取进一步措施。

四是通过法律手段维权。如果与侵权方沟通无果，那么内容创作者就需要果断地通过法律手段维权。在中国，著作权受《中华人民共和国著作权法》保护，内容创作者可以通过民事诉讼的方式主张自己的权利。通过法律手段维权主要包括以下几个基本步骤。一是起诉立案。向被侵权作品发表地的法院提交起诉书，要求立案。在起诉书中，需要写明被告的侵权行为、诉讼请求（包括经济赔偿、精神损失费等），并提交相关的证据材料。二是聘请律师。如果案件较为复杂或涉案金额较大，那么内容创作者可以聘请专业的版权律师帮助处理案件。律师能够提供专业的法律建议，帮助你争取到最大的权益。三是参与开庭。立案成功后，法院将组织双方参与庭审。内容创作者需要准备好详细的证据，在法庭上陈述自己的主张。四是法院判决或和解。法院会根据双方的证据和陈述作出判决。很多时候，侵权方在感受到法律压力后，会选择和解。

小江的案例就是如此，当那家杂志社意识到小江"玩真的"后，就立刻改变了态度。

五是提高版权意识，注意保护自己的作品，避免被侵权。除了应对侵权，内容创作者在日常创作过程中也要注意保护自己的作品，避免被侵权。以下是一些实用的建议。一是在作品发表前进行版权登记。虽然内容创作者在作品发表时就自动获得了作品的著作权，但提前进行版权登记可以为后续可能的维权行动提供强有力的法律证据。版权登记机构会为你的作品颁发登记证书，明确你是作品的著作权人。二是加上署名声明。在作品发表时，内容创作者可以要求平台或出版方明确标注作者姓名，并确保自己的作品不会被随意删减或修改。三是提高版权意识。通过学习基本的法律知识，内容创作者可以更好地了解自己的权益，并在遇到侵权行为时及时作出反应。

第三部分

从创作到创业:
关于内容创业的思考

从创作到创业，内容创作者所面临的挑战是完全不一样的。在这部分内容中，我将结合自己的创业经历，探讨内容创业过程中的一些关键问题，包括如何塑造核心竞争力、如何在激烈的市场竞争中脱颖而出、如何打造内容品牌等，以期为想要从内容创作者转型为内容创业者的人提供一些启发和帮助。

01 艰难起步

2016年5月4日,也就是五四青年节那天,重庆云庄文化传播有限公司正式注册成立。之所以选择这一天,是因为我希望这家小微企业从诞生之日起,就具备青年的闯劲、活力、韧劲、希望……

公司刚成立的时候,连固定的办公室都没有,并且只有我和另外一名员工。当时,我住在重庆市南岸区学府大道,那时候,大学校园可以登记后自由进出,所以当时我们的办公地点就在重庆工商大学的一家咖啡馆里。每天，我们带着电脑在咖啡馆里工作，到了吃饭时间就去大学食堂解决吃饭问题。一次，一位好心的工作人员终于忍不住劝我，趁年轻赶紧去找个正经工作吧，天天在咖啡馆里能赚到钱吗？当时，这位工作人员并不知道，在电脑上打字创作，其实就是我的工作。

虽然成立了公司，但整个公司除了编辑一本杂志可以获得不多的收入，就没有其他的收入来源了，而且编辑杂志这个业务也很不稳定，说不定哪天就没有了。

那时候，好友小军的主要精力都在他自己的农业公司上，每年11月，小军都会通过线上渠道销售褚橙。褚橙是一个爆款产品，为了给我的公司增加业务收入，小军表示，我在重庆也可以销售褚橙。

虽然褚橙是爆款产品，但我没有宣传渠道，如何销售成了难题。小军让我去跟报社洽谈合作。我从媒体出来，经历了纸媒的鼎盛时期，也见证了其逐渐式微的过程。鼎盛时期的纸媒，是坐等广告上门的。那个时候的传统做法是客户给广告费，报纸刊登广告，至于广告是否有效果，报纸是不管的。我所熟知的一家媒体，在鼎盛时期，广告部只有一个快退休的工作人员，每天的工作职责是接电话，给不同客户的广告排期。广告最多的时候，排期得等到一个月之后了。

我硬着头皮去了一家报社，找到营销事业部的负责人，说明来意。对方可能知道褚橙的品牌效应，也可能是随着网络媒体的兴起，传统纸媒日渐式微，总之，谈判的结果是我不用支付广告费用，报纸免费刊登广告，通过销售进行分成。

对于这样的谈判结果，我是感到非常高兴的。原因在于，我们不用支付一分钱的广告费用，就能取得促进销售的效果。当我把这个谈判结果告诉小军的时候，他首先表示祝贺，接着给我提了更高的要求：希望我继续跟报社谈判，一是增加广告的刊登频次，二是在报纸的醒目位置比如头版刊登广告，三是降低报社的分成比例。

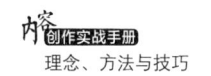

小军的理由很简单：所有的风险都在我方，而且我们跟报社是利益共同体，只有销量越多，盘子做得越大，双方的利益才能实现最大化。虽然最后报社没有同意我们的全部条件，但部分同意了，与此前相比，对于我们来说，是一个更理想的结果。

就这样，公司开始卖起了褚橙。有一次，小军告诉我，当天晚上有一批褚橙运到，我和公司同事小慧早早地蹲守在水果批发市场，直到凌晨1点左右，货车才到，一共300箱褚橙。当时，我那辆代步车每次最多只能装50箱，于是我让同事小慧看守货物，我用代步车运送褚橙往返于水果批发市场与报社的仓库，一共往返了6次，直到天色微明，才将300箱褚橙全部运送到报社的仓库。迎着黎明的曙光，带着一身疲惫回家的路上，我接到了同事男友的电话，询问为何这么晚了她还没有下班……

靠着编辑杂志的收入和销售褚橙的收益，我带着只有一个"兵"的队伍，艰难前行。我深知这样的"商业模式"既不符合我创立公司的初衷，也很难长期维持，内心不免焦虑，但一时半会又不知道出路在哪里，只能一边摸索一边前进。

02 塑造核心竞争力

作为一个在市场中求生存的内容公司的带头人，我也常常在思考：我们的核心竞争力究竟是什么？

在创业初期，我们尝试过版权经纪模式。我是从内容创作者转型成为内容创业者的，深知内容创作者最大的苦衷就是找不到合适的出版社出版自己的作品，而出版社也常常为找不到优质的书稿而发愁。为了解决这个难题，公司在成立之初想到了在内容创作者和出版社之间搭建一座桥梁，一方面帮助优质的书稿找到合适的出版社，另一方面则为出版社提供优质的书稿。

我们的确很认真地做过这件事。一方面，我们的编辑每天泡在各种颇有人气的论坛，给内容创作者发送私信，介绍我们的服务；另一方面，我们跟很多出版社联系、对接，建立合作关系。每个月，我们都会在内部挑选一些我们认为不错的优质书稿，形成一份月度优质书稿选题单，内容包括书名、内容简介、作者简介、封面文案、竞品分析等，然后分发给不同的出版社。同时，我们也跟不同的影视公司联系、对接，为他们提供选题，梦想有朝一日卖出几个影视改编权，那样收益就非常可观了。

版权经纪看起来是一个可以轻松获利的业务模式，除了人员工资和日常办公成本，几乎不需要其他的投入，只要促成一笔订单，就能产生收益。但在实际操作过程中，这个业务模式面临着许多问题。一方面，由于信息不对称，我们不知道出版社的编辑到底想要什么样的选题，只是根据我们了解和掌握的书稿进行推荐；出版社也不知道我们具体有哪些内容创作者，书稿质量究竟如何，所以成交量寥寥无几。另一方面，通过与影视公司的沟通和接触，我发现，他们似乎更倾向于让自己的员工通过网络等渠道寻找合适的书稿或剧本，有的影视公司还会从国外购买某些作品的影视改编权。更何况，我们对影视公司并没有那么熟悉和了解，换句话说，那是一个我们完全不熟悉、没有任何优势的领域。正是基于上述两个方面的原因，经过了大约半年的辛苦努力，虽然我们最终也促成了几本书稿的出版，但我逐渐意识到，靠版权经纪模式来支撑公司的发展是不现实的。一本通过版权经纪运作的书所产生的收益，可能连给一个员工发工资都不够。

塞翁失马，焉知非福。通过版权经纪模式，我更加深刻地意识到，专业的人需要做专业的事。人类社会的进步既需要深入某个行业搞一辈子研究的专家，也需要将不同领域的信息和知识以文字的形式呈现出来的内容人。相较于搭建信息桥梁，我们更熟悉内容创作的规律，了解读者的需求，能够用我们的创作经验和方法把不同领域的信息和知识更好地呈现出来。换句话说，内容创作能力才是我们在市场上立足的根本，也就是我们的核心竞争力。所以，后来我就明确了我们公司的定位——优质原创内容供应商，也就是为所有有内容创作需求的客户提供优质的原创内容，而这里的"内容"特指文字内容。我们所做的工作，就是以其他人对某个行业或某个领域的专业研究为基础，通过我们的内容创作经验和方法，在短时间内创作出一本既有知识含量，又通俗易懂的文字作品。

以地方志这个我们最近几年才切入的新型内容领域为例，为了充分发挥我们的内容创作能力，同时保证内容质量，在具体的工作过程中，我们开创性地提出了"土洋结合"的人才合作模式：在一个地方志编撰项目成立之初，我们会组建项目组，由书服家的团队成员担任主力军，再邀请1—2名熟悉当地情况的老同志或者老专家加入项目组。事实证明，这样的人才合作模式既能确保项目高效率推进，又能让项目的整体质量得到保障。

经过四五年的摸索与发展，书服家的志鉴中心承担了近百部志书的编纂工作，其中不少作品被列入"中国名镇志""中国名街志""中国名村志"等文化工程。

03　重视信息的价值

作为一家内容创业公司的创始人，我深知信息的价值。在书服家的成长过程中，我们高度重视信息的价值，为公司的发展奠定了坚实的基础。

2019年，当书服家刚刚开始探索档案资源的挖掘与开发利用、地方志和年鉴编纂业务时，我们面对的是一个相对陌生的市场。虽然市场有需求，但如何切入市场并找到客户的痛点是当时的我们面临的最大挑战。于是，我决定采取一种主动出击的策略：在没有具体项目要洽谈的情况下，每年拜访重庆市各区县的相关单位。

这个决定看似简单，但实际操作起来并不容易。重庆市下辖 26 个区、8 个县、4 个自治县。我们每年拜访的时间一般是在春节后的 3 月和 4 月。还记得第一年去拜访的时候，我们只成功拜访了 10 家单位，剩下的单位因为种种原因没能拜访成功；第二年拜访的单位数量上升到 30 个左右；第三年一个不落，全部拜访完毕。此后，每家单位，我们都坚持每年至少拜访一次。

从我们公司的角度来说，拜访的目的，在于相互认识和交流。具体来说，在第一次拜访一家单位时，我们会介绍公司的服务流程、服务案例、团队成员、交付周期等情况。我们希望传递给客户的信息是：在重庆，有这样一家公司，品牌名字叫"书服家"，能够提供写书、出书的服务，如果客户有这方面的需求，欢迎将我们公司纳入考虑范围。而在后续的拜访过程中，我们会带上最新的宣传手册、案例集锦和图书作品。时间是最好的朋友，我们希望向客户传递的信息是：我们长期专注于为客户提供写书、出书的服务，我们一直在不断地更新和完善自己。我相信，偶尔拜访一次跟连续几年都坚持拜访，给客户留下的印象是不一样的。

此外，在与客户的交谈和思维碰撞中，我们还能主动为客户提供一些新的思路和创意，与客户建立更加深厚的关系。很多单位在初期并没有具体的合作需求，但通过持续的沟通和信息交流，逐渐对我们的服务产生信任，进而主动向我们寻求合作。而这些合作机会也为我们带来了实际的商业价值。

如今，书服家已经在档案、地方志等领域积累了丰富的经验和资源。每年一次的普遍拜访，不仅是我们了解市场动向、获取新客户的重要手段，也让我们能够不断调整业务方向，不断创新，从而促进公司的健康发展。

04 从"作品思维"到"产品思维"

在我看来,面向大众市场的内容,无论是一篇文章,还是一本书,都是一个产品。作品不一定有买家,但产品一定有。从这个角度来说,我认为,内容创作者要实现从"作品思维"到"产品思维"的转变。

拥有作品思维的内容创作者常常以作品为核心,聚焦作品本身,考虑的是如何把作品写好。而"产品思维",除了要把作品写好,还要考虑作品的客户需求、创作周期等多个方面的问题。换句话说，拥有产品思维的内容创作者要以客户需求为导向，运用自己的智慧、经验和能力，在规定的时间周期内，先完成一件作品的创作，然后对作品进行打磨完善，把作品变成一件可以交付的产品。在这个过程中，我认为，有四个非常重要的关键点。

首先是把客户需求放在第一位，以客户需求为导向。客户想要一个怎样的产品？最好的方式就是写两篇样章出来，让客户看看这是不是他想要的效果。此外，有时候客户的需求经常会发生变化，摇摆不定，客户今天想要这样的，明天又觉得那样的也不错。这时候就要求内容创作者要用专业知识和专业技能与客户沟通，给他们一个明确的方向。

其次是交付时间。一件产品必须在约定的时间周期内交付，没有客户愿意无限期等待。曾经在很长的一段时间内，书服家团队成员的时间意识不强。团队成员们每天都很忙碌，每天都在不停地搜集资料、采访、写作，但就是无法交付。原因有很多：客户不愿意提供资料，客户很忙没有时间，书稿内容体量太大，时间周期太长，等等。后来，我意识到这样的状况其实对于我们和客户来说都是一种损失。对于客户来说，委托给服务机构的事情迟迟没有落实，等于花了钱没有得到想要的效果；对于我们来说，如果一个项目迟迟不能交付，就会导致项目塞车，从而影响其他项目的进度。所以后来我们修订了合同，在合同中约定：任何一方如不能有效推动项目进展，均要承担违约责任。

再次是完成度。在我看来，任何作品都需要不断打磨，打磨是对的，但不应该从一开始就把大量的时间和精力花在内容打磨上。原因在于，如果将作品看成一件产品，用产品思维来看待这件事情，那么就应该尽可能快地先完成初稿，即先完成，再完美。如果一件作品连最初的版本都没有，何谈打磨？至于那些瑕疵和不完美的地方，我们可以在后续的改稿过程中进行有针对性的润色和完善。明白了这一点，我们也就没有必要在创作初稿时因为刻意追求完美而放慢内容创作的速度。

最后是完美度。文学作品不仅是一件产品，还应该是一件雅俗共赏的艺术品。说这句话的意思并不是要求每件作品都必须完美无瑕，而是强调内容创作者，即负责将产品生产出来的人，必须对自己的产品负责，尽可能让它完美，让它在同类型作品中脱颖而出。换句话说，内容创作者创作出来的作品，与同类型作品相比较，应该有可取之处、有亮点、有高于常人的地方。如果只是重复别人的作品，没有创意、缺乏创新、内容缺乏深度，那么这样的作品就是不完美的。

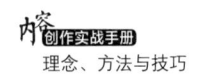

05　打造内容品牌

对于客户而言，优质内容具有"品牌价值"。其实，对于内容创作者来说，我们同样也需要打造自己的品牌。重庆云庄文化传播有限公司成立的第二年，在小军的策划和建议下，我们有了自己的品牌商标：书服家。小军是品牌策划与内容运营方面的专家，他先后推出了东方口述史、天下志鉴、华著等知名内容品牌。

优质内容就是超级品牌。通过内容打造品牌，是书服家打造内容品牌的主要策略。我们不仅要产出高质量的内容,还要通过这些内容建立独特的品牌形象,赢得用户的认可。

记得某年秋天,我和编辑部主任马钊去拜访某档案馆馆长,此前我们通过其他渠道得知该档案馆计划出一本书,而档案馆因为人手不够,所以迟迟未能付诸行动。于是我们前往拜访。在经过了半个小时左右的交流后,档案馆的负责人仍然犹豫不决。而我的一番话最终让档案馆的负责人下定了与我们合作的决心:"如果你们的目标只是把书做出来,然后束之高阁,有领导或同行来拜访的时候,把书作为成果拿给他们看一下,那你们还是沿用原来的模式,在本地找两位老同志就可以完成这本书的内容创作。但是如果你们想做品牌,想挖掘馆藏资源,策划出有影响力的选题,通过优质的原创内容提升档案馆的品牌影响力,让更多的社会大众知道你们,那么我想我们可以尝试一下。"在达成合作后,书服家通过团队协作,深入挖掘馆藏资源,并结合我们对图书市场的了解,创作出版了一部与该档案馆此前所有的图书作品都不太一样的作品，取得了不错的市场反响，有效提升了该档案馆的社会知名度和影响力。

类似的案例还有很多。总的来说，书服家通过实践与探索，逐渐找到了一条适合自己的品牌之路。以下是我通过实践总结出来的关于如何打造内容品牌的一些经验。

一是树立品牌意识。我们参与创作的每一部作品，都会在封面、勒口、版权页等位置体现我们的品牌以及参与内容创作的团队成员的名字。在权衡是否承接一个项目时，我们也会将品牌价值放在首位，其次才是价格。

二是找准定位。内容创作者需要回答两个问题：我们为谁服务？我们想要传递什么？在内容市场中，定位决定了品牌的独特性。在创业初期，我花了很长时间思考这些问题。我们公司的定位是"优质原创内容供应商"，即希望能够为中国的读者提供高质量、有深度的原创内容，帮助读者更好地理解世界。这个定位不仅让团队有了清晰的方向，也明确了我们塑造品牌的核心与重点。

三是持续输出高质量内容。内容是品牌的根基。如果没有高质量的内容作为支撑，仅仅靠品牌包装和营销手段是难以维持用户忠诚的。因此，对于内容创作者来说，一个重要的任务就是持续不断地输出高质量的内容。创业初期，我们面临着诸多挑战。那时，团队人手有限，资源紧张，但我们始终坚持一个原则：宁愿少做一些，也要确保每一个项目都达到我们心中的高标准。我们对内容的质量要求非常严格，从选题策划，到内容创作，再到装帧设计，每一个环节都力求完美。虽然这意味着内容产出的速度会受到限制，但随着高质量内容的持续输出，我们逐渐赢得了用户的认可，积累了用户口碑。

四是长期的投入和积累。内容品牌的塑造不是一蹴而就的，它需要长期的投入和积累。很多内容创作者可能会急功近利，希望在短时间内就看到明显的成果。但实际上，品牌的塑造是一个循序渐进的过程。

在创业的过程中，我也时常会产生焦虑情绪，尤其是在早期，当我们辛苦打磨的内容没有获得预期效果时，我的内心会产生一种无法言说的挫败感。但随着时间的推移，我逐渐意识到，内容品牌的塑造需要时间与耐心。每一个作品、每一次与用户的互动，都是品牌建设过程中的一块砖，虽然短期内看不到明显的成果，但随着时间的推移，我们所付出的努力会逐渐累积，形成品牌的根基。

06　团队建设与管理

作为一家内容公司的创始人，我深知团队建设与管理对于公司发展的重要性。优质内容的生产依赖于团队的智慧与创造力，因此，如何组建一个优秀的团队，并通过有效管理提升团队能力，这是我一直在思考和实践的重要课题。接下来，针对如何加强团队建设，提高团队能力这个话题，我分享几个我在实际工作过程中使用的方法，希望能够给读者一些启发。

一是明确企业文化和核心价值观。团队的灵魂在于文化和核心价值观。一个优秀的团队，必须要有共同的目标和价值观。在我看来，团队的核心价值观需要聚焦在三个方面，即专业、创新、责任心。专业意味着团队成员有较强的内容创作能力和丰富的创作经验，原因在于，只有具备专业素养的团队，才能生产出优质内容。创新则意味着团队成员需要具备独立思考能力和敢于突破常规的创新能力，原因在于，原创内容的竞争本质上是创意的竞争。而责任心则意味着团队成员需要具备高度的责任感，每个成员都应为团队的整体表现负责。

二是合理分工，用人所长。合理的分工是提升团队管理效率的重要手段。在内容创作领域，每个人的优势和专长各有不同，因此，团队管理者必须根据不同成员的特点进行合理分工。例如，文字能力强的成员可以承担内容撰写任务，而善于发现热点的成员则可以负责选题策划，逻辑思维能力强、善于把控项目流程的成员则适合做项目管理，等等。通过合理分工，团队管理者不仅可以让每个团队成员都充分发挥所长，还能避免资源浪费，提高团队协作效率。此外，在招聘团队成员时，我格外看重候选人的专业能力与个人素质。在面试环节中，我常通过一些问题考查候选人的团队意识、抗压能力以及解决问题的能力。在面试结束后，我们还有一个试岗环节，就是要求候选人来公司实习几天，参与我们正在推进的某个项目，与项目组的其他组员一起工作。在这个过程中，我会要求各部门负责人从工作态度、学习能力、工作质量等多个维度对候选人进行考查。

三是学会授权。授权并不意味着放弃控制权。作为团队领导者，我的主要任务是引导和支持团队，给予团队成员足够的空间以及必要的资源和帮助，让他们自主完成任务，而不是干涉每一个细节。对于那些表现出色的团队成员，我会给予他们更多的责任和决策权。这种信任不仅能够激发他们的工作热情，还能提升整个团队的工作效率。

四是营造良好的学习氛围。对于一个以内容创作为核心的团队来说，学习和成长是永恒的主题。只有不断学习，才能保持创作活力，跟上行业发展的步伐。作为公司管理者，我不仅鼓励团队成员通过自主学习提升个人能力，还会为他们提供学习资源和机会，营造一种积极向上的学习氛围。例如，我时常鼓励团队成员在公司内部做主题分享，内容既可以是行业新知、创作技巧，也可以是与工作相关的个人经历。通过这种方式，团队成员之间形成了互相学习的习惯和氛围。此外，我也鼓励团队成员外出参加行业会议、沙龙等活动，了解行业内的最新动态与优秀案例。通过积极参与活动，了解外部信息，团队成员能够拓宽视野，进一步提升能力。

五是提供明确的目标和反馈。一个优秀的团队必须有明确的工作目标和方向。对于内容团队来说，每一阶段的工作任务都应该是有明确目标和时间节点的。团队管理者需要为整个团队和团队成员设定清晰的工作目标，让每个团队成员都清楚地知道他们的工作任务和最终的交付标准。在我们公司，我通常会以季度为单位，给团队设定阶段性目标。这些目标不是简单的 KPI，而是符合公司战略发展方向的实际成果。需要特别指出的是，设定的目标必须切合实际，同时具有一定的挑战性。通过这种方式，团队成员可以对自己的工作有更为清晰的认识，清楚地知道自己的努力方向。除了目标，反馈机制也同样重要。作为团队管理者，我会定期与团队成员进行一对一的沟通与交流，及时针对他们的工作表现给予反馈。这些反馈包括肯定他们的工作成绩、指出存在的问题、提出改进建议。通过这种一对一的沟通与交流，团队成员往往能及时调整自己的工作状态，更好地完成工作任务，不断进步。

六是应对挑战和压力。在内容创业的过程中，尤其是在行业竞争激烈、客户需求多变的背景下，挑战和压力是不可避免的。一个优秀的团队，必须具备较强的抗压能力，能够在面对困难和挑战时快速调整状态。在我们公司，我特别重视团队的心理建设，以增强团队的抗压能力。对于那些突发的紧急任务，团队成员常常会感到压力倍增。此时，作为团队管理者的我通常会主动站出来，与团队一起承担压力，带领团队梳理思路，分解任务。此外，我也会引导大家合理分配时间与精力，从容应对，避免出现过度焦虑或者疲劳的情况。

七是建立激励机制，营造良好的工作环境。团队管理离不开良好的工作环境和激励机制的支持。内容创作是一个需要高度专注和创造力的工作，因此，良好的工作环境和公平的激励机制尤为重要。在工作环境方面，我为团队提供了宽敞明亮的办公空间以及舒适的休息区，以帮助团队成员保持良好的工作状态。在激励机制方面，主要有物质激励和精神激励两个部分。在物质激励方面，我以"多劳多得，优劳优得"为原则，会通过奖金、晋升等方式对那些在项目中表现优秀、贡献突出的团队成员进行激励。在精神激励方面，我会通过公开表彰、优秀员工评选等方式，让每个团队成员都感受到来自团队的认可与鼓励。物质激励和精神激励相结合，能够有效提升团队成员的工作积极性，从而促进整个团队的健康发展。

07 坚持情怀和操守，出版有价值的内容

创业至今，作为一家内容创业公司的管理者，我一方面需要通过商业化服务来满足团队的生存发展需要；另一方面，我也并非"唯利是图"。我一直认为，作为文化行业的从业者，我们一定要有情怀和职业操守，致力于出版有价值的内容。

在创业的过程中，我们经常会碰到这样的客户：他们有内容创作与出版的需要，但在如何创作以及如

何出版方面既缺乏专业技能，也缺乏相应的经济支撑。比如，我们曾经接触过一个留守儿童机构的创办者，他辞去大城市的工作，卖掉大城市的房子，在大山深处建立了一个"留守儿童之家"。房屋是自己动手改造的乡村废弃老宅，人力主要靠零星来支援的志愿者。这位留守儿童机构的创办者找到我们，希望把这些留守儿童的故事写出来，让更多的人知道他们的故事。经过权衡，我们最后和这位创办者通力合作，免费帮助这位创办者完成了这部作品的创作和出版。

还有一位85岁的徐老先生，他退休前是某纺织厂的一名普通工人。当时，徐老先生找到书服家团队，开门见山地说他想出版一本自己写的回忆录，"把自己的人生故事都记录下来，留给子孙后代看，即使没有人看，至少也可以证明我曾经到这个世间来过"。徐老先生的经济条件并不宽裕，住在一栋二十世纪七八十年代修建的老居民楼里，没有电梯。他家里的陈设非常简单，唯有几本厚厚的相册和他写的回忆录手稿，被他视为珍宝。

某个晴空万里的下午，书终于出来了，当我们把书交给徐老先生的时候，他很满意，并执意要带我们去一个地方。在一片高楼的背后，我们穿过一道锈迹斑斑的铁门，走过一条早已荒芜的小径，看到了两栋年久失修的老木板楼。"这就是我曾经工作了几十年的地方。"徐老先生指着这两栋年代久远的老木板楼说道。

他在一块大石头上坐下来，向我们描述了当年拥有近万人的大厂的辉煌历史与他的青春秘密。

徐老先生笑着说，那时候他喜欢上了厂卫生所的一个护士，姑娘羞涩，一说话就会脸红。他常常假装生病去跟那个护士套近乎。有一次他假装感冒要求输液，特地指名让那位护士扎针。谁知那个护士刚参加工作不久，经验不足，足足在他的手臂上扎了七八次，他却不断鼓励姑娘只管大胆扎就是。当时，原本就容易羞涩脸红的姑娘的脸更加红了。

"后来呢？"我问。

"后来？后来……"徐老先生沉默了，他努力平复自己的情绪，半晌才云淡风轻地说了一句："后来她跟保卫科的一个同志结婚了。"

他用颤抖着的双手翻开书，找到书中的一张图片，指着图片上的一个姑娘说："就是她。"良久，他缓缓地合上书，如释重负。

"现在呢？"我实在忍不住好奇地问道。

徐老先生淡然一笑："现在？……现在都过去了。""这本书出来了，我也算是完成了自己的心愿，没有遗憾了。"望着沉坠的夕阳，徐老先生如释重负。

我想，这本回忆录的出版，对于徐老先生来说，有着非常重要的意义。对于大多数中国人而言，一辈子最大的成就，就是把儿女抚养成人，帮助儿女成家立业。若干年后，没有人知道他们，更不会知道他们的故事，如果我们能记录下这些平凡人的人生经历、独特感悟、人生经验与智慧，构建属于我们中国人自己的"人生回忆录书库"或专题图书馆，这何尝不是一件非常有价值的事情？

后记　永远乐观，永远满怀希望

"我希望安迪在那儿。我希望我能成功跨越美墨边境。我希望能见到我的朋友，和他握握手。我希望太平洋和我梦中所见的一样蔚蓝。我希望……"这是电影《肖申克的救赎》中的一段台词。

电影的主人公安迪因为一场谋杀案蒙冤入狱。入狱后，安迪满怀求生的斗志和希望，他不动声色、步步为营，通过数十年的不懈努力，靠着一把锤子，最终逃出生天。

人世间，有很多职业需要人们付出长期的努力，但我觉得，作家是最需要人们满怀希望和长期坚持的职业。

从中学时起，我就频频给各大报刊投稿。有时候，我会同时给好几份报刊投稿。每投出去一份稿件，对我来说，就代表着一份希望。我清楚地知道，对我来说，投稿的结果只有两种，一种是稿件成功发表所带来的喜悦，另一种则是稿件被退稿所带来的沮丧。比较有趣的是，有时候，被我寄予厚望的稿件收到了退稿函，而那些我认为相对一般的稿件却成功发表了。人生就是这样充满不确定性。但无论怎样，我始终相信，只要不放弃，最终必定会收获成功。一个真正热爱写作的人，是不会因为稿件被退稿这种简单的困难而退缩的。

还记得在读大学时，重庆地区的某份报纸在每周三的副刊开辟了一个校园版块，专门刊登来自在校学生的稿件。得知这个消息的我，开始了一段坚持每周给这份报纸投稿的旅程。此外，每到周三，我起床的第一件事，就是去学校的报摊，翻看这份报纸的校园版块。刚开始的那段时间，我的稿件始终未能见报；但随着时间的推移，我在那份报纸上看到了我的稿件；再后来，几乎每个周三，我都能在那份报纸上看到我的稿件。由此，每周三也成了当时的我最为期待的日子。

回望人生，我至今仍然无法设想：假如没有考上大学，我的人生将会是什么样？

1998年，也就是我报考大学的那一年，在距离高考还有几个月的时候，我被查出患有结核性胸膜炎。那时候，结核性疾病还属于不能报考大学的疾病。在医院得知确诊消息后，我默默地回到寝室收拾好行李，准备第二天就告别校园，回家务农。当天晚上，我走在学校的操场上，回想起我自己为准备高考所付出的种种努力，我一遍一遍地问自己：难道真的是命中注定无缘高考了吗？我难道就这样放弃了吗？没有任何办法可想了吗？……

冷静之后，我想，离高考体检不是还有好几个月吗？我有没有可能在剩下的几个月时间里治愈结核性胸膜炎？只有当我走进高考体检的现场，负责体检的医生把"体检不合格"的结论章盖在我的体检报告上，那才算是正式宣布了我的"死刑"。

第二天，我回到医院，找到医生，询问是否有"加急治愈"的良方。医生在了解了我的情况后，思考了片刻，说道："现在唯一的办法，是你一边吃药，一边每天来打针——尽管如此，我仍然无法保证，你在高考体检的时候就一定能痊愈。"对于医生的这个回答，我喜出望外："无论如何，至少还有起死回生的机会。"

在接下来的那几个月里，我一边全力冲刺高考，一边每天中午走出校门去医院打针。经过了几个月的治疗，最终，在高考体检的时候，我体检合格，顺利过关。那一刻，我不禁为自己当时的决定感到庆幸。不到最后一刻，决不放弃，这是我从中得到的人生感悟。

只有经历过那些人生的至暗时刻，才能明白光明的可贵。多年以后，当我在云南玉溪采访褚时健，请教他是如何走出人生的低谷时，他告诉我："只要不死，就有希望。"

内容创作与内容创业是两回事，走上创业之路后，我也曾经历过账上没钱、客户质疑等不同的人生低谷。每当身处低谷时，好友张小军先生总会给我以鼓励，让我坚定信心、坚持信念、看到希望。此外，我也时常反省自己：今天我买一杯咖啡所花的钱，可能是某些人一整天的生活费。这样的反省，也让我深刻意识到，读书、写作、创业是我的人生小确幸。

时至今日，我仍然常常想起一生都在与土地打交道的父亲。我不知道在那些吃不饱、穿不暖、看不到尽头和希望的日子里，他是如何坚持下来的。我想亲口再问问他，可惜如今已经没有这样的机会了——他在我大学毕业的第二年就英年早逝了。直到今天，我的父亲仍然是我认识的所有人中最勤劳的那个人。

真正的乐观主义，不是盲目地安于现状，而是在经历过种种磨难、经受过种种沉痛的打击与挫折之后，依然对人生满怀希望。

悲观主义者可能猜对了当下，但乐观主义者往往能够赢得未来。我想，永远乐观、永远满怀希望，是我们每个人都应该坚持的人生态度。

愿你永远保持热爱，永远热泪盈眶，永远热血沸腾，永远保持好奇，永远光芒四射。

一如既往地，期待我们在下一个路口相遇。

2024 年 10 月 10 日

重庆·书服家